モクチンメソッド

都市を変える木賃アパート改修戦略

モクチン企画　連勇太朗・川瀬英嗣

学芸出版社

モクチン企画は、木造賃貸アパート（木賃）を重要な社会資源と捉え、再生することをミッションに掲げた建築系のソーシャルスタートアップである。木賃アパートは、戦後の経済成長や人口増加を背景に大量に建設され、日本社会を支えてきた住まいのインフラであり、東京や大阪をはじめとした日本の都市部に数多く点在し建っている。ところが現在、こうしたアパートは老朽化、空き家化、災害時の脆弱性など様々なリスクを抱え、周辺環境に悪影響を与える空間装置へと変質してきている。家主や住人の高齢化、未接道による再建築不可、家賃の低さによる経営困難など様々な障害があり、正常な更新が妨げられているのだ。ガン細胞のように静かに負のサイクルが木賃アパート群に侵食し、地域空間を空洞化させている。

　木賃アパートを20世紀の日本社会が残した「負の遺産」として捉えると、こうした状況は絶望的に映る。しかしながら、既にそこにある、大量に

点在しているという条件に着目し、木賃アパートの状態を好転させることができれば、その数の多さを利用して、社会に対して何らかのインパクトを与えることができるかもしれない。こうしたことを企図し結成されたのがモクチン企画であり、そのために開発されたのが「モクチンレシピ」を中心とした一連の改修システム／サービスである。モクチンレシピは、木賃アパートを改修するための部分的かつ汎用性のあるアイディアをウェブ上で公開したオープンソースのデザインツールである。家主や不動産業者にアイディアを提供し、改修ノウハウを伝搬させていくことで木賃アパートが漸進的に更新されていく、そうした状況をつくることが目的だ。一つ一つの改修は小さな創意工夫に過ぎないが、それを大きなエネルギーに変え、新たな経済的循環を生み、まちの新陳代謝を促す。そうしたリズムは都市空間をダイナミックで豊かなものにしてくれる。法人化してから4年、これ

までに50あまりの物件の改修を直接手がけ、レシピはそれ以上にたくさんの現場で使われ、実現されている。

　モクチン企画のビジョンは「つながりを育むまち・社会」をつくることである。私たちは「つながり＝関係性」こそが、21世紀の都市に求められる最も重要なインフラの一つになると確信している。そして、そのために木賃アパートを活用したいと考えている。

　本書はそんなモクチン企画の考えてきたこと／やってきたことを「モクチンメソッド」というかたちでパッケージ化したものである。様々な領域の人に読まれ、多様な批評の場に晒されることを期待している。

　モクチン企画の都市への挑戦は、4畳半の小さな部屋からはじまる。一緒にその可能性を覗いてみましょう。

連勇太朗＋川瀬英嗣

モクチンメソッド
都市を変える木賃アパート改修戦略

MOKU-CHIN METHOD
Moku-Chin Apartment Renovation:
A Strategy to Change
the Urban Environment

目次

イントロダクション 18
2011年、モクチンレシピによる最初の改修／2009年、原体験／2017年、本書について

PART 1
木賃アパートを通して見える社会 25

1. この社会がつくった建築、木賃アパート　26
置いてきぼりの建物たち——圧倒的な数で存在する木賃アパート／圧倒的多数の土地所有者がつくるまち／木賃ベルト地帯／木賃アパートという集合知／効率的な住まいの部品／都市型住居としての「木賃アパート」の発明／匿名性を担保する住まい／消費される木賃／「三つのない」建築 その①——「エンジニアリング」がない／「三つのない」建築 その②——「計画」がない／「三つのない」建築 その③——「理念」がない／人口減少時代へ、木賃アパートの抱える悪循環／家賃が下がり続ける悪循環システム／大量の機能不全

2. 木賃アパートというリスク、そして可能性　42
都市の未成熟な存在——木賃アパートにて顕在化する社会の歪み／「割れた窓」としての木賃アパート／不可視のスラム／クリアランスせよ！／「つながり」を育むための空間装置へ／「関係性の偶発性」を担保する木賃アパート／縮小する時代の都市の更新

モクチン採集に行こう！　53
木賃アパートのタイプいろいろ／木賃タイプ1 ノーマル／木賃タイプ2 ファット／木賃タ

イプ3　ロング／木賃タイプ4　ミニ／木賃タイプ5　ダブル／木賃タイプ6　サンドイッチ／木賃タイプ7　ウィング／木賃タイプ8　ミックス／木賃タイプ9　ジグザグ／木賃タイプ10　ニュー／木賃アパートのパーツたち／木賃アパートのテクスチャー

PART 2
モクチンメソッド　83

1. アイディアを共有資源化する　84
モクチンレシピって何？／資源としてのアイディア／アイディアを資源化するインターフェース

2. アイディアを育てるコミュニティ　91
公開するだけでは使われない／レシピの管理人／モクチンパートナーズ／現状のサービスの課題

3. レシピのレシピ ── アイディアがレシピ化されるフロー　94
1. リサーチ RESEARCH／2. 開発 PROTOTYPE／3. 適用 APPLICATION／4. 編集 EDIT／5. アップロード UPLOAD

4. メディアとしてのモクチンレシピ　100
コミュニケートし続けるデザインのためのメディア／レシピCADへむけて

5.「実装」のためのチームのかたち　104
課題に対する継続的なコミットメント／社会問題（「市場の失敗」分野）に取り組む同志たちとの出会い／ソーシャルスタートアップとしての建築組織／SVP東京の投資先・協働先として採択／建築家の新しい行動様式

6. アパート改修を社会投資へ　110
「取っ手」から「まち」まで／小さな変化から大きな運動へ

モクチンレシピによる改修事例　113

PART 3
木賃アパートをアップグレードする　129

CASE 1：部屋単位の改修　130
新築に近づけようとする一般的なリフォーム／コストと空間にメリハリをつける／空間を広く見せる工夫

CASE 2：外構の改修　134
無計画な建物の配置／適度な距離感をつくる

CASE 3：アパートまるまる一棟の改修　136
物で溢れた外廊下／外部との関係を調整する土間空間／既存の質感を活用しながら／時代遅れの建築基準法

CASE 4：木造一戸建ての改修　142
相続のタイミングで空き家になる／密集した周辺環境／室内に光と風を取り戻す

モクチンレシピ式発想法　147
広がり建具／減築デッキ／縁側ベルトとポツ窓ルーバー／凹み壁／くりぬき土間／スッキリ敷地境界

PART 4
つながりを育むまちへ　161

1. 住み続けられるまち──地域善隣事業　162
住まいの支援と生活の支援／コミュニケーションの発生する空間的仕掛け／ネットワーク化される地域空間／多様な主体と連携し、協働する

2. まちのアクティビティと連動する場──kubomi　166

商店街に建つ看板建築／商店街に点在するアクティビティ／商店街に生まれる余白

3. まちに新しい動線をつくる ── カマタ_クーチ　169
事務所の引越し／密集地の中に生まれた空地／空地をつないでまちに新たな動線をつくる／まちとの距離が近いオフィス／土地を戦略的・一体的に利用できるようにする

PART 5
モクチンメソッドの射程：都市を編集する　179

1. つながりが生み出す都市の冗長性　180
閉じた箱をひらく孔／関係性という都市のインフラ／都市の冗長性／網目を編集する技術

2. タイポロジーの生態系　183
タイポロジー／タイポロジーを通して社会にアクセスする／木賃アパートという未成熟なタイポロジー／リアリズムの思考として／タイポロジーの生態系／生態系をハックせよ！

あとがき　189

イントロダクション

　本書のタイトルである「モクチンメソッド」のメソッドという言葉のエッセンスは、そのほとんどが「モクチンレシピ」というものの中に凝縮されています。モクチン企画の活動を最もわかりやすく体現したものがモクチンレシピであり、それそのものが私たちの「実験」であり「思想」です。そこでまず、「モクチンレシピ」について最低限の説明をしておくことで、手っ取り早く本書を貫いているアイディアの根幹を示しておきたいと思います。

　モクチンレシピは、木賃アパートを改修するためのアイディアを蓄積したウェブサイトでありデザインツールです。名前のごとく、料理のレシピのように、木賃アパートを改修するための様々なアイディアやノウハウがウェブ上で公開されています。いきなりですが、モクチンレシピの使い方の一例を見てみましょう。

図1　築60年の木賃アパート。改修前の状態

2011年、モクチンレシピによる最初の改修

　図1は、調布にある築60年の木賃アパートの一室です。2011年、学生時代に私たちがモクチンレシピを使って改修した物件です。家賃は5万円で、1年以上空室のままであり、管理している不動産会社は家賃を下げることを提案していましたが、家主は下げたくないという意向で入居者が決まらない状態でした。さて、実際にモクチンレシピを使って改修したものが図2になります。そして、図3の白い点のついている部分がレシピを適用した箇所を示しており、合計6個のレシピが使われていることがわかります。窓際に設置されたベンチであり収納にもなる**まどボックス** [MDB]や、壁に対して水平に設置された材である**きっかけ長押** [KKN]などの家具的なアイディアもあれば、壁の質感を整える**味のある壁** [AAK]や木部を同じ色合いで揃える**木部グループ化** [MGK]など、全体の空間を設えるアイディアもあります。このように、部分的な改修アイディアの集まりであるモクチンレシピから好きなものを複数選び、組み合わせることで、物件の改修が実現しています。コストの面で言うと、この物件の場合、改修費は家賃1年分である

図2　モクチンレシピによって改修された状態

60万円程度、家賃は当初の5万円から10％プラスした5.5万円に上がりました。募集を開始してから2週間で入居者がつきましたが、この入居者はバイクを持っている人で、この部屋に住みたいがために、わざわざ近くに月々5000円の駐車場を別に契約して入居を決めたそうです。そういう意味では、結果的に入居者が6万円という値付けをしたということになります。6万円もあれば、このエリアでは新築で1.5倍の面積、風呂トイレ別の物件が借りられる金額です。一般的には家賃を下げるしかないと思われてきた築古のボロボロ物件が、十分に競争力を持ちうることが証明されました。私たち自身も学生ながらこうした経験を通じて、古いから価値がないというわけではなく、ちょっとした操作と工夫で十分に魅力的なものに転換することができ、さらに経済的な理屈も十分に成り立つことを体験的に学んだプロジェクトとなりました。

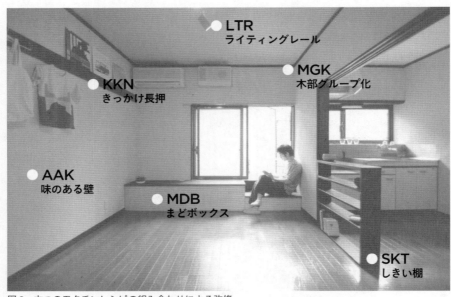

図3　六つのモクチンレシピの組み合わせによる改修

2009年、原体験

　しかしなぜ、モクチンレシピを使ってわざわざ改修する必要があるのでしょうか？　この物件のためのオンリーワンの改修案を考えることも可能なはずです。その理由は本書の中で一つずつ丁寧に考えていくとして、ここでは、モクチンレシピを発想するに至った印象的な出来事、私たちの原体験を共有しておきたいと思います。

　調布のプロジェクトから遡ること2年、2009年に「木造賃貸アパート再生ワークショップ」というプロジェクトを立ち上げました。首都圏の様々な大学から学生を集め、木賃アパートを自分たちの手で、自分たちの住みたくなるようなものに改修しようというプロジェクトです。当時、無印良品暮らしの良品研究所のコーディネーターだった土谷貞雄さんと、日本のリノベーション界の旗手であるブルースタジオの大島芳彦さんと出会ったことがきっかけでスタートしました。

　毎月ワークショップを開催し、フィールドワークやリサーチを通して、何かしらの提案をつくる作業を繰り返しました。木賃アパートがたくさん点在する下北沢、高円寺、千駄ヶ谷などのまちを歩き、木賃アパートによって実現できる新しいライフスタイルを構想し、これからの時代に求められるアパート像について議論し、提案を考えました。

　このプロジェクトは、学生プロジェクトでありながらも、実際に自分たちの提案を実現することを最終的な目標にしていたため、一連のワークショップと並行して、実際に改修することができる「物件探し」も行いました。真夏の暑い太陽の下、自転車でまちなかを散策しながら改修できそうなアパートを探し、オーナーに問い合わせ、ときにはまちの不動産屋に企画書片手に飛び込み営業をしました（ほとんど門前払いでしたが）。最終的には、ウェブを通してプロジェクトの存在を知ったあるオーナーの方から連絡があり、北沢にある築40年以上経ったアパートを改修できることになりました（図4）。運よく改修できる物件に巡り合うことができましたが、一方で、不動産業界の理屈がわからないまま、どれだけ改

修費をかければよいのか、収益性をどのように担保したらよいのか、右も左もわからず、すべてが手探りの状態でした。このときは当然、まだモクチンレシピは存在しません。コストを抑えるために、自分たちで鉄骨階段のサビ落としや塗装をしたり、既存のデッキを解体してセルフビルドで施工をしたり…。そうして、試行錯誤しながら2010年の3月、何とか改修を終え、素人感はあるものの、ボロボロだったアパートはそれなりのものとなって再生されました。いくつかのメディアにも取り上げられ、それなりの成果を上げることができ、プロジェクトとしては成功しました。

図4 学生時代に初めて改修した木賃アパート

しかし、すべてを終えたときに感じたのは、やり遂げたという「達成感」よりも、ある種の「無力感」でした。自分たちが労力をかけて改修したアパートは、確かに魅力的に再生されたものの、何か物足りなさ、そして違和感のようなものを感じてしまったのです。そうした思いがなぜ現れたのか考えてみると、ふとあることに気づきました。それは小綺麗になったのは目の前のアパート一軒だけであり、そのまわりには同じようなボロボロのアパートが圧倒的な量で存在しているということです。敷地境界内に限定された自分たちのプロジェクトと、その範囲を超えて広がる問題を抱えた建物群との間に横たわる大きなギャップを認識したとき、自分たちが1年間かけてやってきたプロジェクトに、どれだけの意味や価値があったのか、冷静になって評価することができなくなってしまったのです。そこに、建築家としての無力感のようなものを感じてしまったのでしょう。一軒一軒を丁寧に再生していくことはもちろん大切な仕事ですが、それよりもこの大

量に存在する機能不全に陥ったアパート群と、自分たちのかけた労力の間の埋められない溝があることに気持ちの整理をつけることができませんでした。まだ学部生で、実務のことなど何もわからない状態で、すべての作業の効率が悪く、ちょっとしたことでも苦労に感じてしまうという意味では、センチメンタリズムの混じった大げさな「無力感」だったのかもしれませんが、そのときの私は、自分が立派な建築家になったとしても、目の前にある社会的課題と、自分が今後つくっていくであろう建築物との間に、「無力感」を払拭するだけの納得できる理屈を見出すことができませんでした。

2017年、本書について

　あれから6年、この間に「木造賃貸アパート再生ワークショップ」は「NPO法人モクチン企画」となり、新たに「モクチンレシピ」やレシピを活用する不動産業者向けの「パートナーズ」という会員サービスが生まれ、50戸以上のアパートが改修されてきました。建築家として、自分が直接的にすべてをコントロールし、一軒の建物を「作品」としてつくっていくのではなく、情報を徹底的にオープンにすることで、多様な主体と協働し、敷地境界線を飛び越えていくような、そうした建築を生み出すことができないか。それが私たちが考えてきたことであり、モクチン企画／モクチンレシピは、あのとき感じた「無力感」を乗り越えるためのチャレンジです。建物や敷地の内部にとどまるのではなく、都市という広がりの中で建築を実践し、空間によって解決可能な社会的課題にコミットしていく。そういう建築（家）を目指して、モクチン企画というプロジェクトを続けています。そういう意味で、本書の執筆は、あのとき感じた無力感の所在を整理する作業であり、そして同時に、どのようにしたらその無力感を払拭し、建築家として自由に振舞うことができるのか、そうした問題意識を探求していくプロセスでもあります。

　本書は、大きく五つのパートで構成されています。PART 1では、木賃アパー

トがいかに戦後日本社会の要請によって生み出され、現在、様々な問題を抱えながらも、同時に多くの可能性を持っている存在かを考察します。そこから、日本の都市空間が持つ独特の形成プロセスも見てみたいと思います。PART 2では、そうした木賃アパートの問題にモクチン企画がどのような手法でコミットしようとしているのか「モクチンメソッド」と題して紹介し、PART 3で実際にモクチンレシピによって改修された事例を具体的な個々のレシピとともに紹介していきます。PART 4では、木賃アパートの改修を通して、地域空間を変えていくことの可能性について考え、最終的にPART 5では、木賃アパートを都市の建物類型（タイポロジー）として捉え、「モクチンメソッド」の手法としての射程を再考します。本書の結論として、「タイポロジーの生態系」という思考のフレームワークを最後に示しています。一つ一つのパートの間には、荒牧悠さんによる木賃アパートやモクチンレシピのイラスト、長谷川健太さんによる改修したアパートの写真、連ヨウスケさんと協働で作成したモクチンレシピが広まったときのビフォーアフターのマップが掲載されています。併せて楽しんでいただけると幸いです。

　この本で伝えたいと思っていることが伝搬していき、モクチンレシピをきっかけに多様な試みが生まれることを、そしてここに書かれていることが早く時代遅れになることを願っています。

PART 1
木賃アパートを通して見える社会

　木賃アパートの最もわかりやすく共有しやすいイメージは、手塚治虫ら若い漫画家が1950年代から70年代にかけて切磋琢磨した伝説的なアパート「トキワ荘」でしょうか？

　あるいは、昭和のフォークシンガーたちが唄う「四畳半」や「はだか電球」といったフレーズが想起させる若いカップルが同棲するアパートの一室でしょうか？　銭湯やコインランドリーも、木賃アパートとともに思い浮かべる情景の一つかもしれません。実際にそこで暮らした経験があるかどうかは別として、木賃アパートの提供するこうしたイメージは、映画、音楽、小説、漫画など、戦後の日本の様々なカルチャーを通して、ある種のノスタルジーとともに日本人の記憶に染み付いています。

　しかし、こうした何気ない日常の風景は、国のビジョン、都市計画、社会制度の枠組みの中に組み込まれなかった「外れた存在」でした。建築家をはじめとした専門家の理念や技術がその存在を支えているわけではなく、国や行政による制度的枠組みによって守られているわけでもない、戦後日本社会が無意識のうちに産み出してしまった根無し草的住まいなのです。「計画」の外側に存在しながらも、（だからこそ）爆発的に増殖した木賃アパートは、戦後の日本社会のあり方を強く反映した存在であり、現在も静かにまちの中に佇み、その役割やイメージを変えながら人々の生活を支えています。

　PART 1では、そうした木賃アパートの課題と可能性を見つめなおします。木賃アパートそのものが社会リスクであり、同時に、豊かな可能性を持ったアンビバレントな存在であるということに気づかされるでしょう。

1. この社会がつくった建築、木賃アパート

置いてきぼりの建物たち ── 圧倒的な数で存在する木賃アパート

　木賃アパートは、主に戦後の高度経済成長を通して、都市への大量の人口流入に応じて建設された比較的新しいタイプの住まいであり、例えば古民家や京町家のように歴史的価値があるものではありません。戦後の焼け野原に人々が自力で建設したバラック群が、日本の経済成長と歩調を合わせるように木造戸建てに建て替わっていく過程で、敷地に余裕のある民間の中小オーナーが、安価で効率的な方法で建設し増えていったのが木賃アパートです。

　伝説的な雑誌『都市住宅』の1973年2月号の特集テーマが「木賃アパート─様式としての都市居住」でした（図1）。責任編集をしたのは早稲田大学吉阪隆正研究室所属の重村力であり、これが日本で唯一まともに建築家が木賃アパートに向き合ったメディアと言えるでしょう。1970年代前半の、木賃アパートの状況や時代の空気をよく反映した内容となっています。この特集内で、木賃アパートの驚くべき数値的な状況が示されています。当時の都区内における木賃アパートの数は87.7万戸であり、全戸数の何と37％を占めていたと記述されているのです[*1]。戦後の焼け野原から50年代、60年代を経て、木賃アパートがいかに住まいの主流として爆発的に増え、とてつもない量となって東京を埋め尽くし、まちの風景にインパクトを与えていたかがわかります。それから半世紀ほど経った2013年の調査によると、東京都23区内だけでも1960年から2000年までに建設され、現存している木造の民営借家は

図1　『都市住宅』1973年2月号（出典：『都市住宅』1973年2月号、鹿島出版会より）

20万4800戸、東京都全体では30万5000戸あります（平成25年住宅・土地統計調査）。さらに大阪府で10万9600戸、神奈川県で21万4500戸と、70年代に比べるとその数は大分減ったものの、依然として多くの木賃アパートが都市の中に残存していることがわかります。

今も、まちへ出て、幹線道路から一歩路地裏へ入り込めば、大都会の街区の内側に埋もれるようにひっそりと建つ木賃アパートの姿を見つけることができるでしょう。私たちの都市的体験の背後には、いつも木賃アパートが添景としてその風景を構成しているのです。

圧倒的多数の土地所有者がつくるまち

都市計画家の伊藤滋は、地主の圧倒的な数の多さが日本の都市計画に見えない影響を及ぼしていると頻繁に指摘してきました。日本は4000万人の地主の集合によって成り立っている国家であり、国土面積37万平方キロ、人口が1億3000万人程度の小さな国で、これだけ多くの地主がいる国は他にはなかなかないとのことです。東京23区内だけでも、分譲マンションの区分土地所有者の地主の数を除いても、個人、法人あわせて土地所有者は110万人を超えています[*2]。こうした圧倒的な数の私権に対して日本の都市計画は権力として弱く、欧米に比べて果たすことのできた役割や機能は限定的だったと言えます。戦後の土地利用が、高度に細分化していったことで、国が全面的にコントロールしながら都市計画を実施していくことが困難な状況があったのです。代わりに日本の都市空間を形成してきたエネルギーは市場原理に則った莫大な数の地権者の個々のランダムな意思決定の積み重ねであり、零細な開発行為の繰り返しだったのです。

そうしたなか、高密度化していく都市環境で、膨らんでいく人口に対応し、狭い土地を有効に活用しながら家賃収入を稼ぐ方法が発達しました。木賃アパートは、そうした知恵がかたちとなって出現したものの一つと言えます。前述の『都市住宅』の特集において、木賃アパートの立地と敷地のタイプが1）庭型、2）御

神楽型、3）大家吸収型、4）別所有地型、5）開発型の五つに整理されていますが、地方から集まる人口を受け入れる器を、まちなかの余った小さな空間から創出する方法が求められたのです（図2）。実際に、都市計画学者である渡辺俊一はインタビューで、戦後の圧倒的な住宅不足の中で、国による公営住宅の建設をはじめとした住宅供給および住宅政策は理想的なものとは言えず、庶民の知恵によって建設された「庭先木賃アパート（関西においての文化住宅）」が大きなマーケットを形成し、国による「弱い住宅政策」を補ったと証言しています[*3]。東京や大阪をはじめとした日本の都市空間は、こうした民間セクターの力によって住まいが供給され、都市空間が形成されてきた背景があるのです。

木賃ベルト地帯

木賃アパートが数多く建っているエリアは例えば、商店街が魅力的であり観光地として人気のある谷根千エリアや、戦前からの町並みが残る京島地区、工業地域と連動した蒲田や川崎などの京浜地帯、サブカル文化が漂う高円寺などの中央線沿いの地域など、主に山の手線の外側、環状7号線に沿うようにして分布しています。木賃アパートが多いとされているエリアを地図上にプロットしていくと、

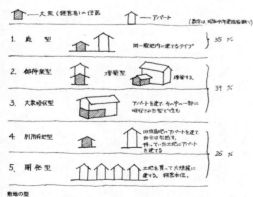
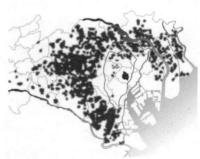

図2　木賃アパートの立地と敷地の関係（出典:『都市住宅』1973年2月号、p.29より）　図3　木賃ベルト（出典：東京都「木密地域不燃化10年プロジェクト」をもとに筆者作成）

東京中心部をドーナッツ型に取り囲んだ分布になり、その形態から「木賃ベルト」と呼ばれたりしています（図3）。私たちが一般的にイメージする高層ビルが立ち並ぶ近代化した東京のイメージとは別に、多くのエリアは低層の木造家屋が高密度にひしめき合っているのです。大資本が投入される民間の大規模開発は、主に山手線の内側の出来事であり、その周縁はそうしたものから取り残され、庶民が自生的に創出してきたエリアだと言えます。

木賃アパートという集合知

　木賃アパートが同時多発的に建設され、その中で繰り返されるトライ＆エラーとその解決策がパターン化していくことにより、「木賃アパート」のかたちや仕様も集合知的に徐々に洗練されていきました。個々に建設される木賃アパートは個人の所有物であり、建設する工務店や大工も地域によって異なるにもかかわらず、木賃アパートがある共通の形式性を備えていったことは興味深いことです。まるで、ある種のアルゴリズムとでも呼べるものが背後で働いていたかのようです。

　木賃アパートの生産は、大工、不動産会社、そして中小オーナーの三角関係によって体制が組織され、そこに土地の大きさ、敷地形状、建設コストなどの条件が加わることによって個別の土地に対するアパートのかたちが最適解として決定されます。また、都市生活を体現する入居者の潜在的ニーズや生産技術が反映されることで木賃アパートのかたちは時代とともに少しずつ進化していきました。

　こうした木賃アパートの建設を可能にしたのは、一つには木造在来工法（木造軸組構法）という日本の工務店および大工が発展させてきた構法体系がベースにあったからだと言えます（図4）。木造在来の特徴は、910mmピッチのグリッドをベースとし、間取りをパズルのように組むことができ、梁と柱による軸組によって構造が立ち上がっていくというものです。一般の人にとっては畳による4.5畳、6畳、8畳といった部屋の単位と、それらの組み合わせによってできる建物を想像するとイメージしやすいと思います。昔の大工は「板図」という間取り図

のようなものを図面の代わりに使われていましたが、板図が象徴するように、間取りさえ決定すれば後は半自動的に断面、立面が決定され建設することができる点に特徴があります。近代以降の建築家が実践してきたように、細かく図面を描く必要はなく、原理的には大工がその場その場の状況を判断し、臨機応変に対応しながら建物全体を建設していくことができます。

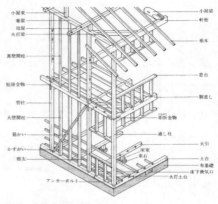

図4　木造在来工法の軸組（出典：内田祥哉ほか『建築構法（第四版）』市ヶ谷出版社、2001年より）

　木造在来工法は、木賃アパートに限った構法ではなく、民間の木造家屋の多くもこの方式によって建設されています。寺院建築などのように複雑かつ難しい技術ではなく、一般的な大工であれば誰もがつくることのできる汎用性のある構法です。それはいわば大衆のための構法であり、実際の「技術」と人々の「認識」が合致し、広範囲に普及することで効率的に日本の住まいの風景を生み出してきたのです。こうした建設のための共通言語を通して、無名の大工たちが大量の木賃アパートをつくってきました。

効率的な住まいの部品

　また、木造住宅および木賃アパートを安価にかつ効率的に建設していくために、1950年代以降、様々な建材や商品が開発され、住宅部品の領域で多くの技術革新があったことも特筆すべきでしょう。例えば、トーヨーサッシが1963年に独自に開発した「スピード雨戸」や日立化成工業・東洋陶器によるユニットキッチンなど、安価に取り付け可能な商品が数多く開発されたのです（図5）。また、モルタル外壁の下地を効率よくつくることができるラスボードや、一定の質が担保され、簡単に取り付けることができるアルミサッシなども重要な技術革新の一つで

す。こうした商品によって人々の生活水準は上がり、同時に日本の都市風景を少しずつ変えていきました。まちの景色は、手づくりで構成されていたものから、徐々に産業化した製品の組み合わせによって構成されるようになっていったのです。このように、日本独自の無名の大工たちが身体化してきた構法体系、そしてそれを支えるメーカーによるパッケージ化された製品が組み合わさることによって、木賃アパートの増殖は加速していきました。

図5 スピード雨戸（出典：リクシル「Made by Lixil」（http://www.lixil.co.jp/madeby/history/speed_amado/）より）

都市型住居としての「木賃アパート」の発明

　「木賃アパート」は、「木造」であることと「賃貸」であることの、二つの非常に凡庸なことしか言い表していないため、その言葉の定義する範囲を厳密に定めることは困難です。ある種のステレオタイプ化した片側廊下の鉄骨外部階段を持つ木賃アパートもあれば、そうしたものとは異なる複雑なタイプのものまで、様々なパターンが存在します。こうした木賃アパートの分類の一部は、PART 1の後半「モクチン採集に行こう！」のコーナーでいくつか紹介していますが、木賃アパートをタイプ別に分析していくことでわかるのは、木賃アパートが、戦後日本が高度に近代化を成し遂げていくために必要な住まいとしての条件を満たした、ある種の画期的な発明だったということです。木賃アパートはそれまで「イエ（家）」と思われてきたものが基礎としてきた価値観とは異なる動機によって成立したビルディングタイプと言えます。典型的な片廊下型や中廊下型の木賃アパートの特徴は、最低限の間取りと設備を持つ個室が効率よく配置され、それらが廊下によってリニアにつながった単純な構成にあります。各個室が廊下に面し、直接的に「外部」と接続されていることが特徴です。

家族や親族が暮らす古典的な「住まい」あるいは「イエ（家）」と呼ばれるものが、まちや人との関係性の中で成立していたのに対して、木賃アパートは地域社会の文脈や関係性から断絶・遮断する志向性を持っています。例えば、古い民家がドマ空間を前面に持ち、仕事と生活の折り合いを地域社会との関係の中でつけていくような空間構成を持っていたり、京都の町家が光や風を極小の空間の中に最大限確保するために、生活習慣や地域産業が一体的になった空間構成を持っているのに対して、木賃アパートは生活に必要な最低限の要素をつめこんだ個室を効率的に連結しただけの質素な構成をしています（図6）。廊下は、共通のアクティビティを楽しんだり、情報を交換したりするような社交の場としてのコモンスペースではなく、単なる残余部分であり、すれ違うこと以外のプログラムは想定されていません。代わりにあるのは、極限的に狭い個室に収まりきらなかった洗濯機、傘、ポリバケツ、自転車、仕事道具など、個人の所有物が廊下に溢れ出し占有している様子です。これは、木賃アパートで目撃することのできる典型的なシーンの一つでしょう。古きよき住まいにあった周辺地域と関係性を調整するような土間や縁側などの建築的装置は、木賃アパートからは消滅しています。

図6　生活が詰め込まれた極小の空間（出典：『都市住宅』1973年2月号、p.12より）

匿名性を担保する住まい

　こうした空間構成から読みとれるように、木賃アパートは都市生活において匿名性を担保する居住モデルとして機能してきました。一般的な持ち家が門や玄関の前に表札を掲げ、持ち主／住み手の名前を誇らしげに冠しているのに対して、木賃アパートの玄関扉には小さくマジックペンで部屋番号が示されているだけです。誰が住んでいるのか、どこから来たのか、何を生業にしているのか、そうした個人に紐付いた情報はなるべく外部に表出しないように空間が設えられています。このように、匿名性が担保されていることによって、木賃アパートは住まいのモデルとして、人口の流動性に応えることができました。一つの場に定着するのではなく、一時的な仮の住処として一定の間隔で入居者が入れ替わる、そうした現代都市のリズムに対応することができる空間的性格を備えていたのです。こうした木賃アパートの基本的な性格は、低賃金労働者を都市部で再生産することにも寄与しました。農業などの一次生産から離れ、賃金労働者として都会に出てきた地方出身者の受け皿として機能したのです。

　そうした意味で、木賃アパートは空間としては極限的に窮屈でありながらも、ある種の「自由」を表象した場でもありました。都市に集合した個人が、地縁、血縁、そして過去に縛られることなく都市部で暮らすことを担保するための空間的性格を獲得した近代的な居住モデルだったのです。それは、たとえ狭く劣悪な環境であっても、都市に住むという個人に立脚した自由を獲得することができる小さな希望に満ちた空間だったのかもしれません。

　このように、地域の文化的風習と密接に関わりを持っていた「イエ（家）」という概念が希薄化し、代わりに、周辺文脈から切り離され、単独で都市に浮遊する「個室」に生きるという生活様式が空間とともに発明され、普及したのです。

消費される木賃

　こうした古い、いわゆる「木賃アパート」の他に1970年以降、新たなタイプ

図7　郊外に建設されたワンルーム木賃　　　図8　ワンルーム木賃の典型的な室内

の木賃が出現します。「ワンルーム木賃」と仮に呼ぶことができる、ハウスメーカーなどによってつくられるプレファブタイプの木賃アパートです (図7、8)。なかには軽量鉄骨による「鉄賃」なども含まれます。「モクチン採集に行こう！」のコーナーでは「ニュー型」として紹介しているものです。「ワンルーム木賃」は構造や断熱を含めた性能面では技術的にアップグレードされてはいるものの、住モデルとしての空間的性格は従来型の木賃に比べ、個室性・個別性がより強くなっていることが特徴です。1990年代に隈研吾が『10宅論』で「ワンルームマンション派」と分類したタイプと、間取りや空間の質はかなり近いと言えるでしょう (ワンルームタイプのマンションも、木賃アパートから派生して生まれたビルディングタイプと考えることも可能です。複数の系譜の中の一つであることは間違いないでしょう)。銭湯で行っていた入浴、コインランドリーで行っていた洗濯、共有の水回りで行われていた調理など、まちや共有空間で行われていた様々な生活行為が個室内で自己完結するように、ユニット型のキッチン、風呂、トイレが設置され、極小空間にパッケージ化されることで、すべての生活が一室の中に収められるようになりました。より効率的・合理的に生活に必要な調理、入浴、排泄などの要素が凝縮され個室で生活が完結する住まいに進化したのです。ロフト、出窓、クローゼットなどは、こうしたワンルーム木賃が獲得した新しい建築エレメントの一つです。

　近年、こうしたアパートは、相続税や固定資産税への対策という名目で建設さ

れることも多く、多くの専門家が指摘しているように、住宅過剰社会*4の中で、需要によって供給されているわけではなく、経済的エンジンをまわすための投機の道具として扱われている側面があります。木賃アパートは、それが生み出された当初からある種の「経済的な道具」として発展してきた背景があることは事実ですが、いま、産業化と経済原理によって、極限的にシステム化された供給体制のもと、経済的道具として機能が先鋭化している(しすぎている)状況があります。

　整理しましょう。いまも昔も、木賃アパートの背後にあるのは、ひたすら条件と与件によって半自動的に建物が産出される社会システムと工法システムが一体となった生産メカニズムです。時代が木賃アパートという形式を求め、そうした要求に対応する柔軟な建設システムが確立されてきたのです。木賃アパートの建設と、社会の経済的な欲求は常に共犯関係にあり、興味深いのは、それが行政、専門家、大資本のサポートを得ずして生まれたものであることです。木賃アパートは私たちの社会そのものがつくり出した「都市の建築」であり、それを支えたのは匿名的かつ自生的な経済システムだったのです。

「三つのない」建築 その① ──「エンジニアリング」がない

　さて、現場調査に行くとわかりますが、一言で木賃アパートと言っても、当時の大工の技術や経験の差によって、建物の質はバラバラです。よくできているものもあれば、ハリボテでつくられているものまで千差万別です。木賃アパートは大工による現場の判断や経験に頼った木造在来工法をベースにしているため、厳密な「計算」に基づいて建設されているわけではありません。そういった意味で狭義のエンジニアリングが欠如した建物だと言えます。そのため、ハード面において様々な課題を抱えています。最も心配されるのは、やはり耐震性能に関してではないでしょうか。多くの木賃アパートは、1981年以前の旧耐震基準*5で建設されたものであり、基礎に鉄筋が入っていなかったり、壁の強度や量が足りていなかったり、あるいは金物が柱梁に取り付けられていなかったりと、耐震上の課

題が多くあります。現場調査をすると、効果のない筋交いが入っていたり、増改築が繰り返されていることにより、梁が途中で金物なしで接木してあったり、大工の経験と感覚で勝手気ままにつくられてしまっている部分も数多くあります（図9）。し

図9　現場調査の様子

かし、一方でしっかりと建設されているものも一定数あることも事実です。逆に鉄骨造やコンクリートの建物であれば安心かと言われれば一概にそうとも言えず、築年数が古ければ木造と同じように、耐震工事が必要なケースもあります。単純に危険か安全かを判断できないところに独特の難しさがあります。

　また、木賃アパートという言葉から想起されるイメージには、狭い、汚い、暗い、寒いなどネガティブなものが多いかもしれません。建築史家の三宅理一は、木賃アパートが多く点在する木造密集市街地の一つである京島地区を研究対象にし、その地域の光熱費が平均に比べて二割ほど高いという調査結果を発表しています[*6]。これは基礎的な断熱性能が足りておらず、住んでいる高齢者が過剰に暖房機器を使用していることを表しています。このように構造や基礎的性能など、現代の快適な住まいに比べたら、木賃アパートはエンジニアリングのない欠点だらけの建物だと言えます。そうした建物が、手付かずに放置されていたり、野放しにされている状況は決してよいこととは言えません。

「三つのない」建築　その②──「計画」がない

　建物単体の問題に加え、都市的スケールの課題もあります。先述した木賃ベルトは、木造密集市街地と呼ばれるエリアと重なっており、防災上危険な地域だとされています。木造密集市街地は「木密」と呼ばれる低層の木造家屋が密集した地域のことであり、木造でかつ密集しているため、火事があった際には、延焼に

よって大規模火災に発展するリスクが高く、東京をはじめ日本の都市部において喫緊を要する課題となっているエリアです。木密が、木賃ベルトと重なっていることからもわかるように、木賃アパートは木密の主要な建物の一つであり、木賃アパートを論じる際に、この問題は避けて通れません。

東京都の「防災都市づくり推進計画（2010年）」において定められている「木造住宅密集地域」は約1万6000ha（木造建物棟数率70%以上、老朽木造建物棟数30%以上、世帯密度55世帯/ha以上、不燃領域率60%未満）、その中で整備地区として定められているエリアは約7000haであり、東京の多くの部分を占めていることがわかります。阪神・淡路大震災のときにも灘区や長田区などの木密で大規模な延焼火災が発生し、多くの被害を生みました。木密の問題や課題が取り上げられ、議論されるようになったのも阪神・淡路大震災の経験が大きく影響を与えています。

こうした状況に対して、東京都では2012年に策定された「木密地域不燃化10年プロジェクト」など様々な施策を進めてきました（図10）。都内に現存する木造密集市街地で特に危険性の高いエリアを「不燃化特区」として指定し、重点的に老朽建築物の除去費や建て替えを促すために補助金や助成金の制度をつくってきました。また、火が広範囲に燃え広がることを物理的に防ぐため、都市計画道路沿いに延焼遮断帯を整備してきました。

こうした取り組みは一定の効果を上げている一方、実際

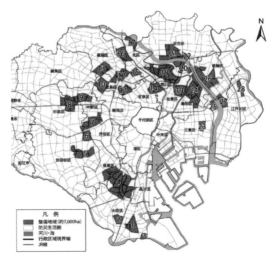

図10 「木密地域不燃化10年プロジェクト」整備地区（約7000ha）

の木密の更新はなかなか思うように整備が進んでいないのも実状です。住人の高齢化や土地権利関係が複雑なことがその主な理由であり、接道条件の問題や、固定資産税の算出方法など制度そのものが障害になっているケースも数多くあります。

　首都直下型地震に備えてこうした課題を解決しなければいけませんが、開発一辺倒のアプローチでは限界があることも明らかです。多様な関係主体によって様々な手法を組み合わせ、地域の特性に合わせて解決の道を模索していくことが求められています。また、すぐには不燃領域率を上げることができないエリアは、避難地図の作成や日頃の住人のコミュニケーションを円滑にしておくなど、コミュニティによる動きも合わせて必要でしょう。

　木賃アパートの改修のみでは、木密の防災問題を解決することは不可能ですが、こうした流れの中でどのように木賃アパートを位置づけ、活用していくことができるのかを同時に考えなければいけません[*7]。

「三つのない」建築 その③──「理念」がない

　このように木賃アパートは、単体の物理的存在としての課題と、それが群になったときに現れる都市的課題の二つの側面で問題を抱えていることがわかります。国による強い制度的介入がなかった代わりに、爆発的な人口増に対応し、人々の生活をある一定のレベルで支える容器として機能してきましたが、同時に防災や環境性能の面から深刻な問題を抱えています。

　木賃アパートが建設されてきた背景には、例えば1920年代にドイツで行われたモダニストたちによる一連のジードルンクのプロジェクト[*8]、日本における同潤会アパート[*9]のように建築の防災性能をアップグレードし都市の安心・安全を実現しようという思想や公共性の意識は存在しません。そういう意味では、木賃アパートは「理念」なき建築であり、効率や合理性を第一義として実践された地主と大工たちによる無名の仕事の積み重ねの結果でしかないのです。社会の変化

や要求に対応していく柔軟性をそなえつつも、多くの脆弱性を同時にはらんでいる存在なのです。エンジニアリングがない、計画がない、理念がない、木賃アパートは決定的に大切な三つの要素が欠けた建築物なのです。

人口減少時代へ、木賃アパートの抱える悪循環

　こうしたハードの問題に加え、木賃アパートを取り巻く社会状況も大きく変化してきており、ソフトウェアの課題も増えてきています。人口減によって、需要と供給のバランスが崩れてきていることが大きな要因です。日本社会は、需要と供給のバランスが完全に崩壊した時代に突入しており、それに関係して、昨今メディアでも大きく取り上げられている「空き家問題」は深刻な問題として注目されるようになってきました。戦後の人口増加時代に増えた木賃アパートは、この変化の衝撃を最も早く、そして強く受ける対象の一つです。

　2013年度住宅・土地統計調査によると現在の空き家は820万戸、空き家率は13.5％となっています。8戸に1戸が空き家の時代を私たちは生きていることになります。この数は今後もっと増えると予想されており、例に漏れず木賃アパートも空き家や空室の問題を抱え、多くのオーナーや不動産会社も苦しんでいる状況があります。放置される空き家が増加し、老朽化が進行することによる危険性の高まりを受けて、2014年5月に「空き家対策特別措置法」が施行されました。その年の5月には、老朽化した家屋が危険だという理由で、行政代執行によって都内で初めて大田区のとある建物が解体されたのですが、このとき解体されたのが放置され続けてきた木賃アパートだったことは象徴的です。

家賃が下がり続ける悪循環システム

　「住宅過剰社会」の中で、入居者がつかないアパートはどのように扱われるのでしょうか。賃貸物件を管理する不動産会社は、木賃アパートに限らず、家賃は新築時に最も高く設定し、入居者が入れ替わるたびに、少しずつ家賃を下げていく

ことで新たに入居者をつけていきます。つまり、物件そのものの価値を維持したり、新たな価値を創造するのではなく、周辺の相場と築年数を見ながら家賃を下げることで入居者をつけているのです。自分たちの資産の価値を自らが下げることで、物件をまわしていると言えます。これは中長期的な利益よりも、目の前の家賃収入や仲介手数料という短期的な利益を増やすことが、不動産業界の慣習上、重要視されており、そうした態度が染み付いているからだと言えます。

　こうしたことは、一般の人でも経験的に理解していることだと思います。仲介サイトを使えばわかることですが、築年数の古いアパートは選択肢から簡単に除外することができる仕組みになっているのです。大手不動産仲介サイトの検索欄では、築年数の古いものを除外する構造をインターフェースそのものが持っていますが、そうしたインターフェースの設計も当然、ユーザーの要望や価値観を反映してのことです。こうしたことからもわかるように、いまの日本社会において建物は、時間によって価値が減退していくものとして扱われているのです。

　さて、家賃を下げていくとどうなるのでしょうか。結果的に家賃収入も下がる一方になり、最終的にはアパートそのものに再投資することが困難になっていきます。結果的にアパートの老朽化が加速し、最後は入居者をつけることができずに放置されるという悪循環を招いてしまいます。大切な資産の価値を向上させる仕組みが、手法のレベルでも評価のレベルでも存在しないのが現代の日本社会です。

　これは家賃設定だけの話ではなく、不動産としての評価額など、あらゆる側面で共通しています。対照的に、ヨーロッパには建物をメンテナンスし運営していくことで価値を向上させていく仕組みがあります。物件に対する評価の方法が多様であり、時間の経過とともに価値が向上していくサイクルがあるのです。一方、日本社会は時間の経過とともに家賃や建物の価値が減退していく、そういう一様の仕組みしか持ち合わせていません。これは資産構成や経済的価値が「土地」をもとに決定されるという日本の偏った社会システムに原因があります。土地の上に成立する建物は経済的評価に組み込まれていないのです。

大量の機能不全

　人口減が基調になる社会では、当たり前のことですが「建てさえすれば入居者がつく」という従来の方程式はまったく通用しません。それにもかかわらず、経済のエンジンをまわすガソリンとして、需要に沿わないアパート建設が依然として進められている社会状況は、そうした構造的変化を無視しており危機的です。

　先述した税金対策として建設されるワンルームタイプのアパートはまさにそうした状況下にあります。建設した時点で、不動産会社は利益を建設費によって回収してしまっているため、建設後の運用面に関してはほとんど考慮されていないのが実態です。物理的な側面においても、安価な新建材のハリボテは経年劣化というかたちで見すぼらしい空間に変わっていきます。経済合理性と効率性を最大限高めたアパートは、画一的で同じ間取りがコピー&ペーストで大量生産され、味気ない石油系建材のハリボテによって構成されているのです。モクチン企画の活動も当初は味のある築40年くらいの築古アパートをターゲットにしていましたが、家主や不動産会社が困っているのは築年数の比較的浅いワンルーム型のアパートだったりするケースによく出会います。一方、先述した通り、築30年も経った築古のアパート群が徐々に老朽化しており、家賃収入を確保できないまま資産として腐敗していく状況が同時並行であります。

　このように現在、築古と新築を含めた何十万戸もの空間群が機能不全に陥ってきているのです。こうしたアパートの空室や老朽化の問題はアパートが個人の所有物であるため、国の政策一つで簡単に解決可能なものではありません。こうした計画不能、コントロール不能な空間群が一斉に悪いサイクルに入り込んでおり、そういう絶望的な遺産・資産を私たちの社会がどのように扱っていくかが現在問われている状況だと言えます。

2. 木賃アパートというリスク、そして可能性

都市の未成熟な存在 ──木賃アパートにて顕在化する社会の歪み

　2011年の秋、新宿区大久保のとある木賃アパートで火災があり、5名が亡くなり2名が重症を負う事故がありました。この木賃アパートに住む多くが単身の老人で、入居者23名のうち19名が生活保護受給者でした[*10]。現代社会において単身高齢者や生活困窮者にとって「住まい」の問題が深刻化していることが、火事というかたちで顕在化し、メディアでも大きく事件として取り上げられました（図11）。近代化した東京の真ん中で、ある種のスラムを連想させる劣悪な環境があったのです。

　木賃アパートには、国による公営住宅や住宅政策の弱さを補完するかたちで、低所得者に対する住まいのセーフティネットとして機能してきた側面があります。制度の網からこぼれ落ちた社会における「弱い存在」が、制度の外側で増えてきた木賃アパートによって拾われてきたのです。神戸大学で住宅政策を研究する平山洋介は、公営住宅など、戦後の低所得者のための公共セクターによる住宅保障は「残余的」な位置づけにあり、民間セクターによる住宅供給に全面的に頼っていたことを指摘しています[*11]。欧米におけるソーシャルハウジングの役割を消極的な理由から木賃アパートが担い、住まいが足りない状況を補完してきたのです。

図11　事件を伝える新聞記事（毎日新聞2011年11月10日より）

しかし、こうした木造の民営借家を住宅保障と呼ぶには、当時も今もその環境レベルはあまりにも劣悪です。木賃アパートはこうした独特の役割を担うことにより、都市や社会における陰の部分や弱さを受け止める社会的器として機能しています。こうした特殊な立ち位置によって様々な社会的問題と結びつきやすい空間になっており、これまで見てきたハードウェアの問題をはじめ、社会の歪みが木賃アパートを通して顕在化しているのです。

「割れた窓」としての木賃アパート

　そうした「歪み」を内側に抱え込んだ木賃アパートが、地域社会に対して悪影響を与えていく様は容易に想像がつくと思います。管理されなくなったボロボロのアパートは周辺住民のまちに対する無関心を醸成し、嵐の日にはトタンが飛んできたり、放火の危険性があったり、様々な迷惑や事件が降りかかってくるリスクをもたらします。そして、そうしたアパートがまちに点在していることで悪影響が連鎖し、まち全体の活力や賑わいを奪い、最終的には地域全体の不動産価値を落とすことにもつながります。正常な風景の中に、ウイルスのように地域に対してジワジワと決定的なダメージを与えていく、そうした存在になってしまっており、外部不経済を誘発する空間装置として機能している状況があるのです。

　ブロークン・ウィンドウ理論という考え方があります。割れた窓から様々な犯罪が連鎖していくことを説明した都市社会学におけるよく知られた概念です。割れた窓が修復されずに放置されていると、それが「管理していません」という暗黙のサインとなり、ゴミがポイ捨てされたり、落書きされたりするなど状況が悪化し、徐々にそうした行為がエスカレートしていくことで、ほかの犯罪などを誘発する場となり治安が悪くなっていく都市的現象を説明した概念です。そういう意味で、木賃アパートは地域の中で「割れた窓」として機能してしまう可能性を持っています。空き家を含めた「管理されなくなった空間」がまちの中に増殖することで、そのエリアに様々なリスクや衰退を誘発するのです。

先述した三宅理一はこうした市街地のバランスが崩れ、空き地や空き家が発生し、地域の空洞化が進んで行く状況を「隙間化」と呼び、このような事態にどう対処するかを考える「隙間論」の必要性を主張しています。また、都市計画の分野では、エリアの内部がランダムに空洞化していく都市的状況を「スポンジ化」と呼び、都市計画研究者がその特性や課題を整理しています。その一人である饗庭伸の整理によると、スポンジ化は、スプロール化が都市域が拡大していく現象を指すのに対して、1) 小規模な単位で起こり、2) 土地利用や空間利用は多様化・多方向化し、3) 空洞化していく場所はランダムに発生し、4) そうした状況が見えにくい、という四つの特徴を挙げています[*12]。地域空間に広範囲に点在している木賃アパートは、こうしたスポンジ化や隙間化を誘発する空間装置、つまり「割れた窓」になっている可能性があるのです。

不可視のスラム

　日本には、インド、タイ、南米のように違法建築が高密度に密集して立ち並ぶスラムやファベーラの姿はどこにもありません。日本社会は戦後を通して、都市インフラや公共サービスの整備によって、驚くほどクリーンで管理された都市空間を実現してきました。もちろん、下町の商店街や木密の雑然としたカオティックなアジア的風景、大阪のあいりん地区や東京の山谷のようなドヤ街もありますが、いわゆる「スラム」と形容される場所はありません。日本は戦後の経済成長を通してこうしたスラムを封印することに成功した数少ない国なのです。

　しかし、スラムを表層的なイメージで捉えるのではなく、構造的な特性から考えたとき、日本社会にもスラムと形容することができる空間が無数にあることに気づかされます。饗庭は、日本において土地の不法的利用による、面的なスラムは戦後発生しなかったことを指摘しつつ、貧困や格差の問題から、スラムがハードウェアの問題からソフトウェアの問題に移行してきていることを指摘し、スラムが非可視化してきていると主張しています。まちのスポンジ化はこうしたスラ

ムのあり方と親和性が高く、その特徴は、ランダムに発生し、見えにくく、空間に集積したかたちでは見えないとのことです。こうしたことは2010年代以降、他の様々な研究者によって指摘されるようになってきました。例えば、日本建築学会が発行している『建築雑誌』2011年1月号の特集テーマ「未来のスラム」において、大月敏雄や小野田泰明らが各論考で東京にも発生しうるスラムの可能性を「見えないスラム」「拡散型スラム」などという言葉で表現しています。

　また、建築家の西沢大良は同じような視点から「新型スラム」の存在を指摘し、現代社会における「スラム」の取り扱い方に関して危機感を持って論じています。西沢は、「現代都市の9か条――近代都市の9つの欠陥」*13 という論考で、近代都市の重大な九つの欠陥の一つに「新型スラム」の問題を指摘し、アメリカの都市社会学者マイク・デイヴィスが『スラムの惑星――都市貧困のグローバル化』で克明に描写したメガ・スラムのような、目に見えるスラムのあり方は一面的なものでしかなく、むしろそうしたスラムをクリアランスしようとする近代都市の運動の副産物として現れる様々なバリエーションを持った「新型スラム」の存在を認識することが、近代都市の欠点を克服するために重要だと指摘しています。そうした視点から、ネカフェや公園や河川で発生する派遣村もスラムの一形態だとカテゴライズし、近代都市の欠陥を改善していくためには、こうしたスラムをクリアランスするのではなく、保存修復し続けることが望ましいと主張しています。西沢がこうした新型スラムのバリエーションは有限であるとしており、「高齢化社会における老朽木賃アパートエリア」や「戦後復興期の町工場付き家屋街および木賃住宅ベルト地帯」などもそのうちの一つとしてカテゴライズしている点は、私たちの問題意識とも深く重なるところです。

　このように、現代のスラムは、私たちが一般的に思い浮かべるようなカオティックなイメージを必ずしも有しているわけではなく、健全な風景の中に構造として存在し、見えないものになっている可能性があることがわかります。先進諸国におけるスラムは、個室の中に隠れており、点在しているのです。今あなたの住

んでいる部屋の隣がスラムになっている可能性がある、そういう社会を私たちは生きていると言えます。スラムの問題は、様々な研究者が指摘しているように、成熟型社会へ向かうなかで今後、先進国が相次いで直面していくことになる現象と言えます。課題先進国である日本の社会は、現在、こうした「不可視のスラム」が可能性としてはびこっている社会なのです。

クリアランスせよ！
　西沢の主張に補足として付け加えると、スラムは資本主義社会における都市発展の段階で、都市社会のフォーマルセクターが抱えきれなくなった存在、つまり制度的網目からこぼれおちた存在が形成するもう一つの社会＝空間と言い換えることができます。こうした状況に対して「スラム」という言葉を当てはめるかどうかは綿密な議論が必要ですが、少なくとも市場の原理や行政の計画からこぼれ落ちた存在が生み出すもう一つの都市的状況は現に存在し、そうした状況を無視することはできません。また、この複雑な社会のすべてを公的な政策や制度によってコントロールすることができないということが現実として明らかになったように、インフォーマルな存在を許容する枠組みが社会には常に必要です。これがスラムクリアランスは回避されるべきだという一つの論拠であり、治安の悪化に対処しきれずに取り壊されたアメリカのプルーイットアイゴー団地*14のように近代のプロジェクトが見落としてきた決定的に重要な視点です。
　構造的問題としてこうした状況を捉えると、木賃アパートも、防災上危険だからという理由だけで盲目的にクリアランスしていく対象として扱うのではなく、インフォーマルな領域を社会の中で担保する空間装置として活用することの意義や可能性を一度検討しておくべきでしょう。フォーマルな計画、制度、仕組みからこぼれおちてしまうものを支えるハードウェアとしての可能性です。そうしたものとして木賃アパートをもう一度捉えると、こうした都市的存在が単に防災や性能または経済的価値指標のみでは評価できない複雑な存在であることが認識で

きると思います。

「つながり」を育むための空間装置へ

これまで、日本の都市計画や住宅政策における木賃アパートの独特の(外れた)立場や、抱えている課題などネガティブな側面ばかりを語ってきましたが、私たちは木賃アパートが現代都市に対して無意識的に持ってしまった批評性と、その中心に見え隠れする可能性に興味を持っています。それは端的に言うと「つながりを生む空間装置」としての価値です。

繰り返しになりますが、木賃アパートは「イエ(家)」が本来持っていた環境や社会との関係を排除することによって成立し、戦後日本社会の中で爆発的に普及しました。しかし、現在、それを上回る勢いでマンションや一戸建てが建設されるなど、木賃アパート以上に完結性が強い、個室をコピー&ペーストで集積させた建物が増えています。都市はますます、プライバシーを内側に強く抱え込んだ個室の集まりによって埋め尽くされようとしているのです。そうした居住モデルの原型の一つである木賃アパートですが、遮音性能や設備のことを考えると、実際は相当に「不完全な住まい」です。また、マンションとも違い、建物の高さがそもそも低いため、まちとの距離が物理的に近く、嫌でもまちとの関係を切れないという特質もあります。そういう意味で、逆説的に今、木賃アパートは「つながり」を生み出す空間装置として力を相対的に発揮する可能性を持ち始めていると私たちは考えています。これは40年以上前に、ある若い建築家によってすでに予見され、指摘されていたことでもあります。

「関係性の偶発性」を担保する木賃アパート

先述した『都市住宅』の木賃アパート特集で、環境としての劣悪さなど、木賃アパートの様々な問題を指摘しながらも、建築家・重村力は、当時新しく建設され始めた個室として完結したマンションとは違い、〈関係性の偶然性〉を担保する

ものとして木賃アパートの可能性を主張しています。少し引用しましょう。

　　〈公共性〉とは〈関係性の否定〉であり、〈任意の共同性〉とは、〈関係の
　　絶対性〉を脱出する〈関係の偶然性〉の場ではないだろうか。〈関係の偶
　　然性〉こそ、実は都市そのもの、〈都市性（アーバニティ）〉と呼ぶべき
　　ものなのではないか。*15

　今の感覚で読むと少し不思議な文章です。解説します。ここで言う公共性とは、今、私たちがイメージする公共性とは少し異なります。重村はここで、本来は親密性を都市に帯びさせる「私的なもの」が、マンションのような圧倒的な数のプライベートな個室空間に閉じ込められ都市空間から排除されることを、私的なものが失われた「都市の公共性」として憂いているのです。そして、日本的な都市空間形成の方法である「限定された私の集合体としての共同性」が都市から排除され、「公共」という「誰のものでもあるから、誰のものでもない」空間が広がってしまっている状況を危惧しているのです。そうしたとき、重村は木賃アパートに〈関係性の偶発性〉を担保する空間的装置としてその可能性を見出しています。木賃アパート特集の「都市棲息批判」と名付けられた重村の文章の一節です。

　　木賃アパートの存在が、この都市に暗示し続けているものは、〈住居〉に
　　住むのではなく〈都市に棲む〉という概念ではないだろうか。*15

　木賃アパートの可能性を示唆した言葉として的確で力強く、そして魅力的な一文です。「プライバシー」や「セキュリティ」という価値観がますます支配的になる現代社会の中で、住まいは過剰なほどに「閉じる」ことを求められ、生産も消費もそうした体制を生み出すための共犯関係が成立しています。不確定要素である外部との関係性は極力排除され、敷地の内部、建物の内部、部屋の内部で物事

が完結する空間と価値観が広がっています。そうしたなか、建物や生活は、その場に存在することの必然性を失い、私たちはパッケージ化された〈住居〉に自らの居場所を持つという生活様式を確立させつつあります。しかし、別の可能性として、もっと積極的にその場、そこにあるものと関係する生き方があるはずです。自分自身の住居の延長としてまちを捉え、まちそのものを自分の住まいの一部として捉える。そういう関係はありえないでしょうか。そうした思考や行為がまちの中に広がることによって、私たちは様々な関係性を育み、楽しむことができるようになるのではないでしょうか。そうした関係性の連鎖が都市をダイナミックにしてくれるはずです。現状の木賃アパートは課題だらけですが、うまく活用することができれば〈関係性の偶発性〉を担保する空間的装置、つまり「つながりを生み出す道具」として活用することができるのです。

縮小する時代の都市の更新

　まとめましょう。いま、戦後の人口増加をエンジンにした成長型の社会から、人口減少時代を迎え、都市空間の実情と社会状況の間に様々なギャップや摩擦が生まれ、様々な問題が発生しています。福祉、教育、医療など多様な問題が複合的に重なり合った状態です。木賃アパートは、こうした複雑な問題が集まり、顕在化した場になっています。「不可視のスラム」が現象する社会的磁場になっているのです。そして、それが地域空間に点在している状況があります。木賃アパートは「つながりを育む空間装置」としての可能性を持っている一方、同時に不可視のスラムにもなりうる両義的な存在だと言えます。

　木賃アパートが「割れた窓」の状態から、「つながりを育む空間装置」として、その機能や意味を転換することができるのならば、どのようにして都市の新たな見取り図を手に入れることができるのでしょうか。モクチン企画は、そうした可能性にアタックするための組織です。デザインの力を駆使し、木賃アパートを21世紀に必要な都市デザインを実践するための一つのツールとして活用することを

目指しています。そのとき必要になるのは、「マスタープラン」や「計画」とは異なる、まちを更新するための「新しいメソッド」です。

[注]
* 1 『都市住宅』1973年2月号、鹿島出版会より、1968年住宅統計調査
* 2 伊藤滋『東京、きのう今日あした』NTT出版、2008年、p.226
* 3 『建築雑誌』2011年1月号（特集「未来のスラム」）、日本建築学会
* 4 野澤千絵『老いる家 崩れる街 ─住宅過剰社会の末路』講談社、2015年
* 5 建築基準法における、構造の基準で、1981（昭和56）年5月31日までの建築確認において適用されていた基準を言う。それ以降のものは新耐震基準と言い、1981年5月31日あるいは6月1日以前以後かということが耐震性を判断するうえでの一つの基準になる。当然、旧耐震の場合であれば、耐震性能をより慎重に調査する必要がある。
* 6 三宅理一「木造密集地区に住む ─京島の例 密集市街地のジレンマ」『10＋1』No.27、INAX出版、2002年、pp.154-161
* 7 木密の問題については『住宅特集』2017年4月号で西沢大良氏と議論した。
* 8 ジードルンクは、20世紀初頭ヴァイマル共和国期のドイツで建設された集合住宅群のことを指す言葉。1920年代にグロピウスやミースなどの一連のモダニズムの建築家によって当時としては実験的な集合住宅がドイツ各地でつくられた。多くのプロジェクトは主に低所得者向けのものとして構想されており、スラム改善および生活環境改善が背景としてある国家的なプロジェクトとして進められた。その後、ここで開発された集合住宅の様式やスタイルは世界各地に広まり、一つのスタンダードを形成した。ベルリンやヴァイセンホーフの集合住宅群が有名。
* 9 1923年の関東大震災の復興のために設立された同潤会によって、大正から昭和にかけて建設された鉄筋コンクリート造の集合住宅の総称である。木造家屋の多くが焼け、甚大な被害をもたらした背景から、防火性能や耐久性など、近代的な技術をもとに都市空間を住環境からアップグレードしていくことを目的に復興住宅として建設された。最新の設備をはじめ、コミュニティ形成などの文化的・社会的側面にまで配慮された、日本の住宅史を語るうえでは避けて通ることのできないプロジェクトである。
* 10 http://inabatsuyoshi.net/2012/03/01/113
* 11 平山洋介『住宅政策のどこが問題か ─〈持家社会〉の次を展望する』光文社、2009年、p.248
* 12 饗庭伸『都市をたたむ ─人口減少時代をデザインする都市計画』花伝社、2015年
* 13 西沢大良「現代都市の9か条 ─近代都市の9つの欠陥」『新建築』2011年10月号、新建築社
* 14 1956年に、アメリカのミズーリ州セントルイスにあったスラムをクリアランスすることを目的に建設された住宅団地。設計は日系アメリカ人のミノル・ヤマサキ。スラム改善を目指して市が計画し実現されたものの、再び団地そのものがスラム化し、犯罪の温床となるなどして環境が悪化したことにより、1972年に爆破解体された。モダニズムおよび近代的な都市計画の失敗として象徴的に語られることが多い事例である。環境犯罪学をはじめ、失敗の原因は様々な研究者によってリサーチされているが、表面的なクリアランスに効果がなく、構造的な問題を扱わなければ「スラム」を扱うことはできないということを如実に物語っている。
* 15 『都市住宅』1973年2月号、鹿島出版会、p.17

モクチン採集に行こう！

　一言で、木賃アパートと言っても様々なタイプがあります。PART1でも触れたように、「木賃」という言葉は「木造」と「賃貸」であるということしか言い表していないので、厳密な定義をすることが難しい存在です。そこで、このコーナーではモクチン企画が今までに出会ってきた木賃アパートたちをいくつかのパターンに分類して、代表的なものを紹介します。イラストのある左ページには、「構成」「工法」「スパン」などの木賃アパートを見る際の指標も掲載しているので、実際にまちのなかで木賃アパートを見つけた際は、どれに当てはまり、どこが違うのかを発見して楽しんでみてください。ここで紹介したものがすべてではありません、木賃アパートには無限のバリエーションがあります。ある共通性に立脚しながらも様々な個性があるのも木賃アパートの魅力です。それでは、木賃アパートを採集しに出かけましょう！

木賃アパートのタイプいろいろ

	←ショート	スパン（1スパン＝1住戸の幅）
	1〜2スパン	3〜4スパン
構成 / 片廊下型	4 ミニ	1 ノーマル / 2 ファット
構成 / 長屋型		5 ダブル
構成 / 中廊下型		6 サンドイッチ
構成 / ウィング型		7 ウィング

54

木賃アパートは、部屋の数によって決定される建物の「スパン（長さ）」と、部屋へのアクセス方法によって分類される「構成」との組み合わせによって基本形がつくられる。さらに店舗やオーナー住居など他のプログラムが入るかどうか、あるいは敷地形状などの要件によって変形し、最終的なかたちが決定される。

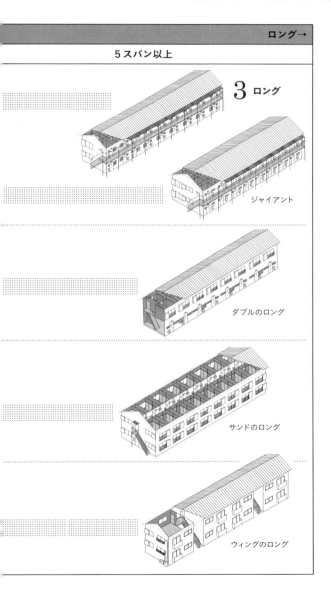

ロング→

5スパン以上

3 ロング

ジャイアント

ダブルのロング

サンドのロング

ウィングのロング

変形

8

ミックス

アパートの周辺の状況に合わせて1階部分が店舗や工場などになる。

変形

9

ジグザグ

敷地形状に合わせて、建物の形がジグザグ型やL字型になる。

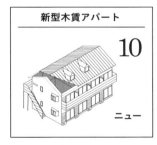

新型木賃アパート

10

ニュー

古いタイプの木造在来以外に、プレファブや軽量鉄骨を含めた新しいタイプの木賃アパート。

木賃タイプ

1

ノーマル

最も一般的なタイプの木賃アパート。居室＋水回りというシンプルな間取りで、1・2階でほぼ同じ間取りの部屋が同じ数だけ配置されており、それを外廊下・鉄骨階段がつないでいる構成。鉄骨階段・波板・端正な切妻屋根は木賃アパートの典型的な組み合わせパターンである。

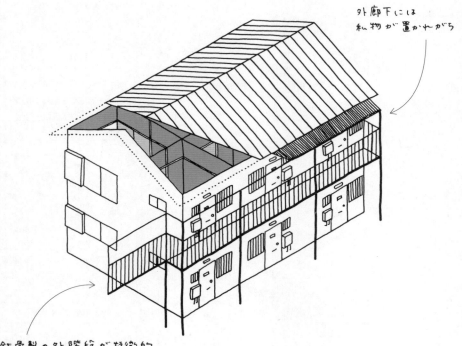

外廊下には私物が置かれがち

鉄骨製の外階段が特徴的

構成	長屋 片廊下 中廊下 ウィング 他	スパン	1 2 3 4 5以上
プログラム	なし 店舗 大家住居 他	工法	木造在来 プレファブ 軽量鉄骨
変形	なし ジグザグ L字 分棟 他	屋根	切妻 寄棟 入母屋 看板あり

上：最も典型的な木賃アパート。全部で6戸あり、外廊下には洗濯物・洗濯機、自転車、仕事道具などが置かれている。下：全部で6戸あるノーマル型の木賃アパートを2棟、L字型に配置しており、それを鉄骨階段・廊下がつないでいる。このように敷地に余裕のある場合は、分棟で建てられていることも多い。

木賃タイプ 2 | ファット

ノーマルタイプを太らせた型で、間取り的にはもう一部屋がプラスされているため短辺方向がふくらんでいる。部屋数が多くなった分、単身者だけでなく、カップルやファミリーの入居にも対応。建物が太ったことに合わせて屋根形状も入母屋型になっているケースがある。

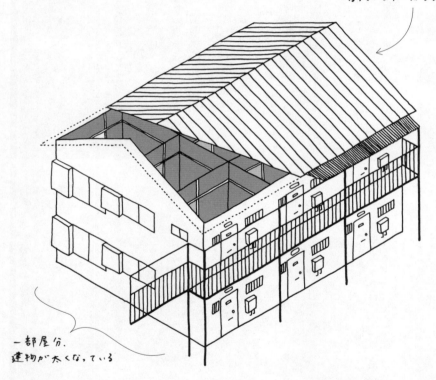

屋根は入母屋型になっているケースもあり…

一部屋分、建物が太くなっている

構成	長屋 **片廊下** 中廊下 ウィング 他	スパン	1 2 **3** 4 5以上
プログラム	**なし** 店舗 大家住居 他	工法	**木造在来** プレファブ 軽量鉄骨
変形	**なし** ジグザグ L字 分棟 他	屋根	切妻 寄棟 入母屋 看板あり

上：立面に窓が上下に3つずつあるように、3つの部屋によって1住戸が構成されている。外階段の屋根には波板のポリカがついている。左下、右下：共に屋根が入母屋型になっているため、道路からは四角い建物に見える。ノーマルに比べてボリュームとしての存在感がある。

木賃タイプ

3

ロング

ノーマルタイプが4〜8戸とすると、ロングタイプは10戸(5スパン)以上のマンモス木賃。この規模になると2方向からアクセスでき、建物にも存在感がでる。現在では減少傾向にあるが、河川・幹線道路・駐車場などのひらけたスペースに沿って建設されているケースが多い。

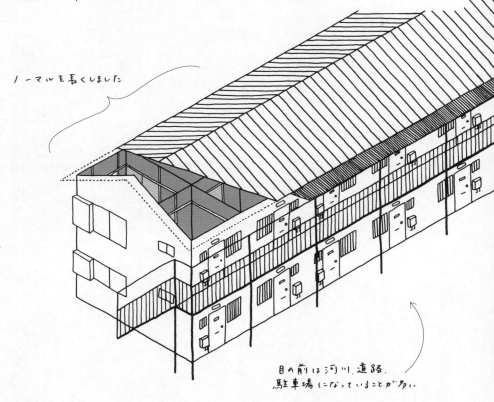

ノーマルを長くしました

目の前は河川、道路、駐車場になっていることが多い

構成	長屋 片廊下 中廊下 ウィング 他	スパン	1 2 3 4 5以上
プログラム	なし 店舗 大家住居 他	工法	木造在来 プレファブ 軽量鉄骨
変形	なし ジグザグ L字 分棟 他	屋根	切妻 寄棟 入母屋 看板あり

上：全部で12戸の木賃アパート。目の前は駐車場で、外廊下もゆったりとした余裕のある空間になっている。中：全部で10戸の木賃アパート。目の前は河川で、昭和にタイムスリップしたような雰囲気を醸し出している。下：全部で10戸の木賃アパート。目の前は幹線道路で、車通りが多い。

木賃タイプ

4

ミニ

長屋（ダブル）タイプの各住戸がバラバラに切り離され1戸ずつ独立したタイプで、木密地域で見かけることが多い。エントランスは妻入りの構成で、多くは間口が2間（3.6m）になっている。内部のプランはダブル型とほとんど同じ。賃貸ではないケースもある。

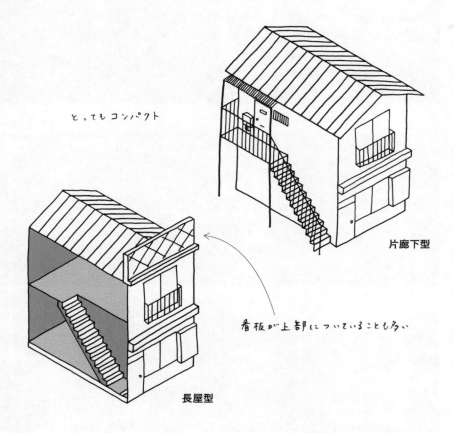

とってもコンパクト

片廊下型

看板が上部についていることも多い

長屋型

構成	長屋 片廊下 中廊下 ウィング 他	スパン	1 2 3 4 5以上
プログラム	なし 店舗 大家住居 他	工法	木造在来 プレファブ 軽量鉄骨
変形	なし ジグザグ L字 分棟 他	屋根	切妻 寄棟 入母屋 看板あり

左上：切妻型のミニ。右上：上部に看板のようなものをつけて、建物の立面を四角くしている。木造に見えないようにすることを狙い、こうした意匠が生まれ慣習化した。実際は看板として使われているわけではない。下：木密地域ではミニが密集して建っている光景を簡単に見つけることができる。

木賃タイプ

5

ダブル

1階と2階を合わせて一住戸になっており（メゾネット）、それが連結して1棟を形成している。地上階の玄関から直接各住戸にアクセスできるため、鉄骨外階段などの共有部がないのが特徴。1階に水回り、2階は6畳＋4.5畳＋押入れという間取りになっているケースが比較的多い。

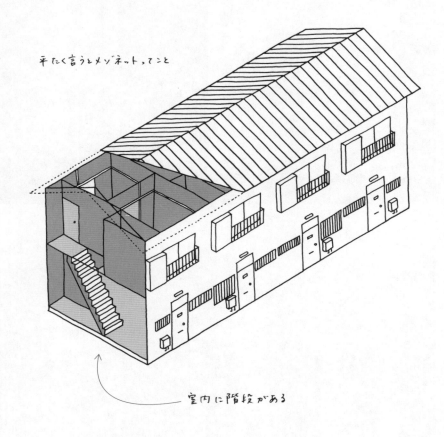

平たく言うとメゾネットってこと

室内に階段がある

構成	長屋 片廊下 中廊下 ウィング 他	スパン	1　2　3　**4**　5以上
プログラム	**なし** 店舗 大家住居 他	工法	**木造在来** プレファブ 軽量鉄骨
変形	**なし** ジグザグ L字 分棟 他	屋根	**切妻** 寄棟 入母屋 看板あり

上：戦前から存在する古いタイプの連結長屋。下：4戸あるメゾネット型の木賃アパート。郊外に建っているため、敷地に余裕があり、同じタイプの連結長屋がまわりに3軒建っている。空いたスペースは駐車場として使われている。

木賃タイプ

6

サンドイッチ

元祖木賃アパートの代表的存在。各部屋は4.5〜6畳の極小空間でトイレや洗面は共用。風呂なしがほとんどで銭湯やコインランドリーとセットではじめて成立するタイプ。玄関にはポストや下足箱が並び、廊下や階段は比較的幅広の寸法になっていることも特徴。

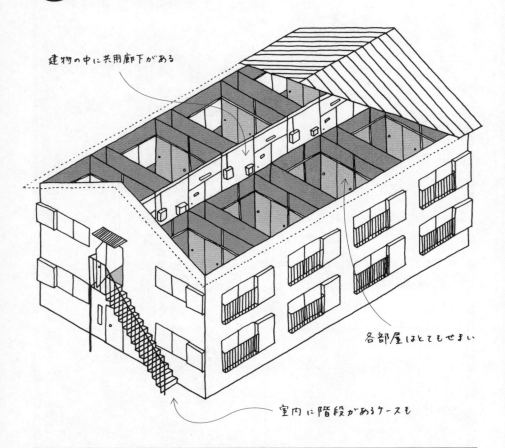

建物の中に共用廊下がある

各部屋はとてもせまい

室内に階段があるケースも

構成	長屋 片廊下 中廊下 ウィング 他	スパン	1 2 3 4 5以上
プログラム	なし 店舗 大家住居 他	工法	木造在来 プレファブ 軽量鉄骨
変形	なし ジグザグ L字 分棟 他	屋根	切妻 寄棟 入母屋 看板あり

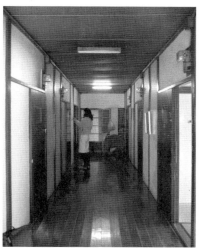

上：屋根が入母屋のサンドイッチ型。1階と2階で入り口があるので、独立したアクセスになっている。
左下：内部に階段があるため、外からの玄関はひとつのタイプ。右下：建物の中心を通る共用廊下。下足は建物の玄関で脱ぐため、板張りになっていたりする。左右同じように部屋が並んでいる。

木賃タイプ

7

ウィング

建物の中心に共有エントランスがあり各住戸が左右に分かれるため、木賃アパートとはいえ、各住戸の独立性が比較的高いタイプ。隣人の音が気にならない。
ほとんどが各階2住戸・計4住戸。スペースの使い方としては比較的余裕があるため、内部プランもゆったりとした広めの構成になっている。

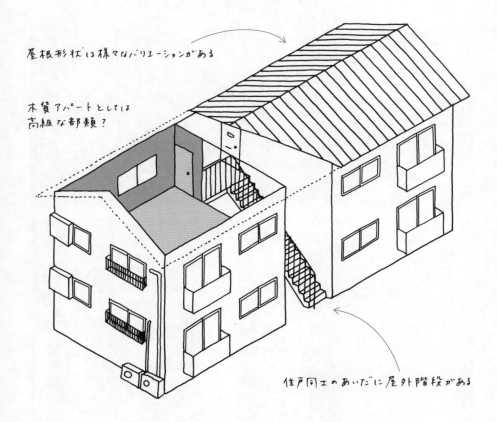

屋根形状は様々なバリエーションがある

木賃アパートとしては高級な部類？

住戸同士のあいだに屋外階段がある

構成	長屋　片廊下　中廊下　**ウィング**　他	スパン	1　**2**　3　4　5以上
プログラム	**なし**　店舗　大家住居　他	工法	**木造在来**　プレファブ　軽量鉄骨
変形	**なし**　ジグザグ　L字　分棟　他	屋根	**切妻**　寄棟　入母屋　看板あり

上:全部で8戸のウィング型。二つの階段が設置してあるので4戸が2セットあるアパート。下:比較的新しいタイプ(ニュー型)のウィング。出窓、屋根形状、入り口のゲートなど80年代に流行したアパートのボキャブラリーがところどころに使われている。

木賃タイプ

8 ミックス

2階は典型的な賃貸住宅だが1階は比較的自由なプランで、商店街に面していれば1階が店舗、住宅地にあればオーナー住戸、エリアによっては町工場になっている。賃貸住戸とそれ以外のプログラムがひとつの建物内で混ざっているため、多様な立面を持つことも特徴のひとつ。

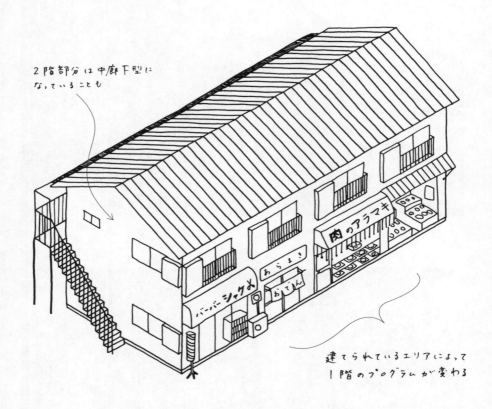

2階部分は中廊下型になっていることも

建てられているエリアによって1階のプログラムが変わる

構成	長屋 片廊下 中廊下 ウィング 他	スパン	1 2 3 4 5以上
プログラム	なし 店舗 大家住居 他	工法	木造在来 プレファブ 軽量鉄骨
変形	なし ジグザグ L字 分棟 他	屋根	切妻 寄棟 入母屋 看板あり

上：商店街に面しているミックス型。2階はサンドイッチ型になっており、1階は店舗として使われている。
左下：住宅街に面して建っている。1階の左側は店舗、右側は住居になっている。右下：左側に階段が見えるように、2階は片廊下式の賃貸住居で、1階は工房／工場的な機能を持つミックス。

木賃タイプ

9 | ジグザグ

三角形などの変わった敷地形状に対して建設されたタイプの木賃アパート。各住戸がずれながら配置されているものもあれば、一つの住戸内でトイレや風呂などがとび出て凸凹しているものもある。住戸ごとに間取りに違いがあり、空間的な発見を楽しめる。

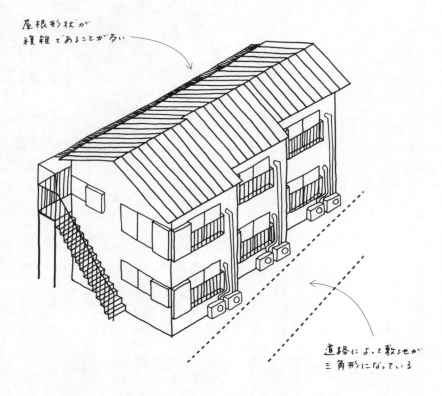

屋根形状が複雑であることが多い

道路によって敷地が三角形になっている

構成	長屋 **片廊下** 中廊下 ウィング 他	スパン	1　2　**3**　4　5以上
プログラム	**なし** 店舗 大家住居 他	工法	**木造在来** プレファブ 軽量鉄骨
変形	なし **ジグザグ** L字 分棟 他	屋根	**切妻** 寄棟 入母屋 看板あり

上：2階は片廊下式になっており、1階は道から直接アクセスできる。三角形の敷地をうまく使い、駐車スペースも確保されている。下：三角形の敷地に合わせて複雑なかたちになったジグザグ型。トイレや風呂などの機能が張り出している。

木賃タイプ

10

ニュー

建設産業の合理化／規格のシステム化／建材の商品化によって、ハウスメーカーにより木造在来ではなくプレファブなど新しい工法で建設されたタイプ。新型にもいくつかタイプがあり、今まで紹介してきたタイプも新型工法で置き換えることが可能。

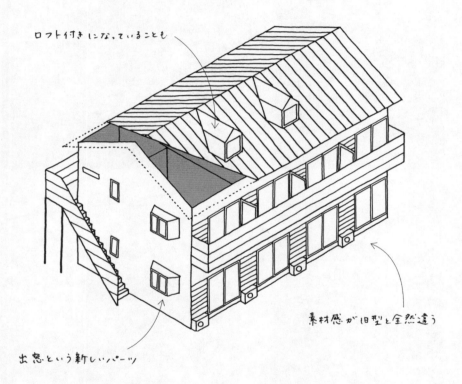

ロフト付きになっていることも

素材感が旧型と全然違う

出窓という新しいパーツ

構成	長屋　片廊下　中廊下　ウィング　他	スパン	1　2　3　4　5以上
プログラム	なし　店舗　大家住居　他	工法	木造在来　プレファブ　軽量鉄骨
変形	なし　ジグザグ　L字　分棟　他	屋根	切妻　寄棟　入母屋　看板あり

上:典型的なニュー型のアパート。2階の部屋はロフトがついている。左下:出窓のあるニュー型アパート。外階段が旧型のように建物に付け加えたように設置されているのではなく、一体的に見えるような意匠的工夫がある。右下:ニュー型の典型的な室内の写真。マンションとほとんど変わらない設え。

木賃アパートの

パーツたち

木賃アパートは様々なパーツを組み合わせることでできている。新築の物件ではほとんどみることができない、可愛らしい変わったパーツたちを集めてみた。

極小

01 電気スイッチ

02 露出型の電気スイッチ

03 部屋番号のプレート

04 東京都水道局の水道プレート

05 ドアノブ

06 裸電球、その1

07 裸電球、その2

08 フック

小

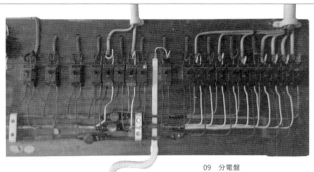
09　分電盤

11　ポスト

10　郵便入れ

12　プロペラ換気扇

13　牛乳配達ボックス

14　下駄箱

15　建物看板、その1

16　建物看板、その2

モクチン採集に行こう！　77

中

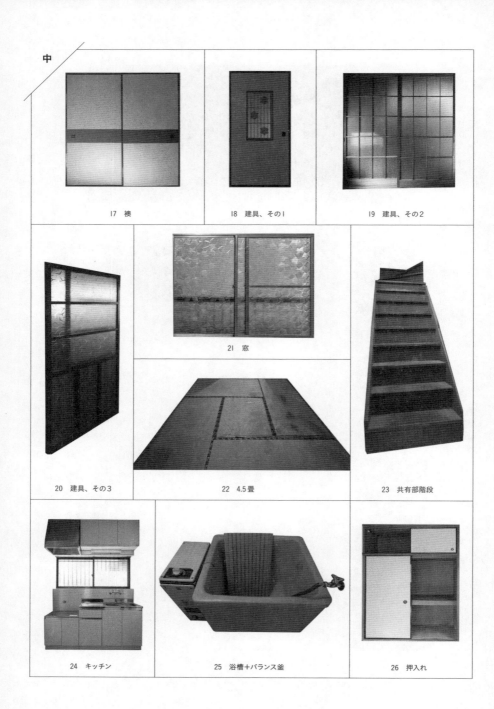

17 襖 18 建具、その1 19 建具、その2 20 建具、その3 21 窓 22 4.5畳 23 共有部階段 24 キッチン 25 浴槽＋バランス釜 26 押入れ

外構

27 玄関ドア、その1

28 水道

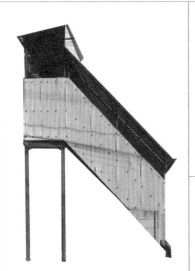

29 鉄骨外階段

30 玄関ドア、その2

31 玄関ドア、その3

32 ブロック塀

33 窓＋戸袋

34 窓＋目隠し

モクチン採集に行こう！　79

木賃アパートの

テクスチャー

今ではもう入手することのできない模様の入ったガラスや、大工の凝らしたちょっとした木工細工など、味わい深い素材たちを集めてみた。

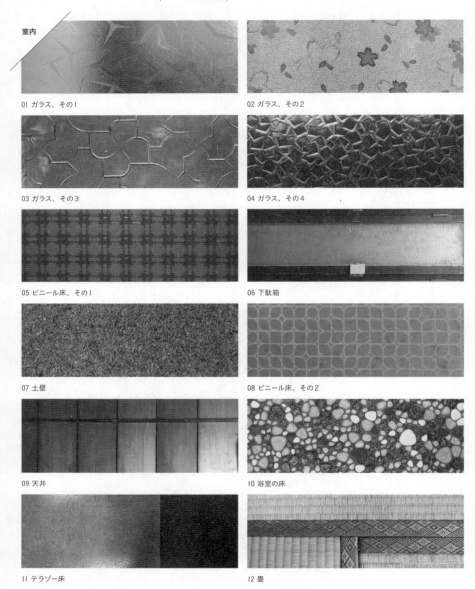

室内

01 ガラス、その1

02 ガラス、その2

03 ガラス、その3

04 ガラス、その4

05 ビニール床、その1

06 下駄箱

07 土壁

08 ビニール床、その2

09 天井

10 浴室の床

11 テラゾー床

12 畳

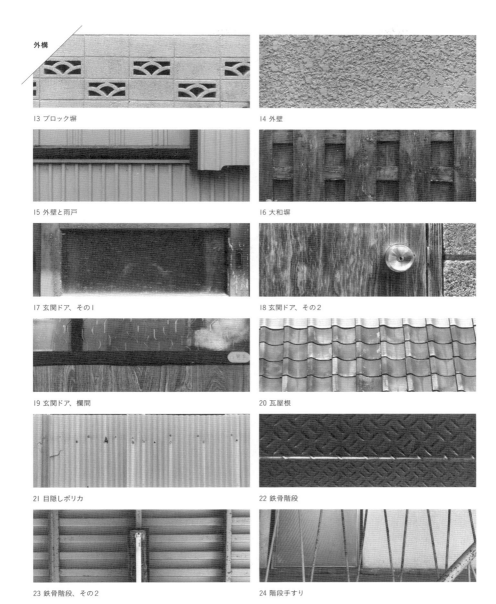

外構

13 ブロック塀　　14 外壁

15 外壁と雨戸　　16 大和塀

17 玄関ドア、その1　　18 玄関ドア、その2

19 玄関ドア、欄間　　20 瓦屋根

21 目隠しポリカ　　22 鉄骨階段

23 鉄骨階段、その2　　24 階段手すり

PART 2
モクチンメソッド

　2012年に設立したモクチン企画は、「社会リスク」としての木賃アパートに向き合うと同時に、「つながりを育む空間装置」としての可能性を最大化することで、負の遺産としての木賃アパートを優良な社会資源へ転換することをミッションに活動しています。このミッションを実現するために生み出されたのが「モクチンレシピ」をはじめとした一連の仕組み／サービスです。

　モクチンレシピは、木賃アパートが大量に点在しているという特性を最大限生かすために考えられたサービスです。様々な主体に対して改修のアイディアを提供することで、木賃アパートの再生を促すことを意図しています。また、レシピを効率よく社会の中に伝搬させ、アイディアを活用してもらうための仕組みとして、地元密着型の不動産管理会社を対象にした「モクチンパートナーズ」という会員サービスを運営しています。この二つのモデルを並走させることでで、いままで大小合わせて50戸近い改修を実現してきました。さらに、自分たちが関わらないところでもそれ以上の数のアパートがレシピを使って改修されてきました。

　PART 2では、モクチン企画が構築しようとしている木賃アパート改修のための一連のシステムを紹介していきます。未発達の部分も多くありますが、今までの実践と思考の断片をつなぎ合わせることで「モクチンメソッド」として暫定的にまとめてみました。こうした活動を通して、縮小していく社会に求められる新たな都市デザインの方法を探求し、モデル化することもモクチン企画にとっての重要なアジェンダです。

1. アイディアを共有資源化する

モクチンレシピって何？

　モクチンレシピは、木賃アパートを改修するためのデザインツールであり、ウェブサイトです（図1）。部分的でかつ汎用性のある改修アイディアを、料理のレシピのようにウェブ上で紹介しています。これがモクチン企画のコアコンテンツであり、最も重要な戦略です。木賃アパートという複雑な問題をはらむ対象に、継続的にコミットしていくためにはシステム化されたデザインツールが必要だと考えました。東京23区内だけでも20万戸以上もある社会資源をすべて、一人の建築家で改修することは不可能ですが、アイディアを公開し、流通させ、様々な人に使われる状況をつくることで、単独で改修を一個一個積み重ねていくよりも圧倒的に多く、そして速く木賃アパートの改修を実現していくことができるので

図1　モクチンレシピのウェブサイト（http://mokuchin-recipe.jp）

はないかと考えました。物件オーナー、不動産会社、工務店など、木賃アパートに関係する様々な主体にアイディアを提供しエンパワーすることで、木賃アパート全体の質の底上げを狙っています。2016年12月の時点で、60程度の改修アイディアが公開されています。

資源としてのアイディア

さて、イントロダクションで紹介した調布の物件では、6個のレシピが選択され改修されていました。重要な点は、そこで使われた6個のアイディア一つ一つは、あの調布の物件1室のためだけに考え出された「特殊解」ではないということです。例えば**まどボックス [MDB]**（図2）は、床から40cmあがったところに窓が設置されているという木賃アパートの特徴や、狭い空間では収納が足りないという生活上の課題など、具体的な特徴あるいは課題を考慮して考え出されています。モクチンレシピのアイディアの多くは、木賃アパートにおいて繰り返し発生する建物の特徴をつかみ、生活していくうえでの課題や障害を解決するデザインをパターン化したものになっています。

一つ一つのアイディアが複数のアパートの改修に繰り返し使える汎用性を持つことができるのは、PART 1や「モクチン採集に行こう！」で見てきたように木賃アパートの間取りや形状がいくつかのパターンに分類することができ、木造在

図2　まどボックス [MDB]

来による基本的なモジュールや構法を共有しているからです。細かい寸法や色味の調整は個々の物件で必要になってきますが、アパートの基本的な構成や間取りがある共通性に基づいていることにより、モクチンレシピのアイディアは様々なアパートに応用することができるのです。

　こうした木賃アパートにまつわる諸条件をうまく活用することで、アイディアを「資源」として、複数の他者と共有することが可能になります。通常はデザイナーや建築家の脳内にあると思われている「アイディア」という曖昧でフワフワとしたものを、ある特定の形式で表現することで、不特定多数の人の間でモノのように共有、譲渡、交換の対象として扱うことができるようになります。これを「デザインの共有資源化」と呼んでみましょう。

アイディアを資源化するインターフェース

　アイディアを「資源」として、他者と共有可能な媒体に変換するためにはそれに適したメディアが求められます。モクチン企画では、アイディアを資源として外部化し共有するために様々な試行錯誤を続けてきました。現状のモクチンレシピのウェブサイトのインターフェースについて簡単に説明しましょう。

　最初のトップページには、レシピがリストになって掲載されています。そこから気になったものをクリックすると、そのレシピを説明する個別のページを閲覧することができます。レシピの各ページは「考え方」「使い方」「作り方」の三つのセクションによって構成されており、そのアイディアの概要から詳細までを見ることができます。例えば、図3は**広がり建具** [HGT]（133、148ページ参照）というアイディアのページです。最初の「考え方」というセクションには、以下の内容が掲載されています。

- **レシピ名**：レシピの名称、レシピID、そしてキャッチフレーズが掲載されています。
- **アイコン**：レシピの画像アイコンが表示されています。

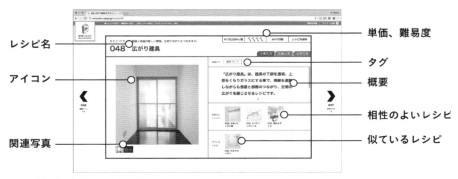

図3 「広がり建具」の〈考え方〉

- 関連写真：クリックすると、レシピが実際に使われた事例の写真がアイコン部分のウィンドウに表示されます。
- 単価、難易度：レシピ一つあたりの施工単価の目安が概算で示され、レシピの施工難易度がハンマーのマーク5段階で示されています。
- タグ：「水回り」「外構」「窓」「建具」など様々なキーワードでタグ付けされています。
- 概要：木賃アパートのどのような課題を、どのように解決するのか、そのレシピのアイディアがテキストで示されています。
- 相性のよいレシピ：一緒に組み合わせると効果的なレシピが紹介されています。
- 似ているレシピ：amazonのレコメンド機能のように、似ている（関連している）レシピが紹介されています。

こうした機能をガイドラインにしながらユーザーはレシピの基本的な情報を閲覧し、レシピの組み合わせを考えることができます。

二つ目の「使い方」のセクションには、実際にレシピが使われた写真がモクチン企画を含めたユーザーから投稿されており、様々な適用事例を閲覧することができます。物件の特徴やユーザーの嗜好によって、使われ方が微妙に違ったりし

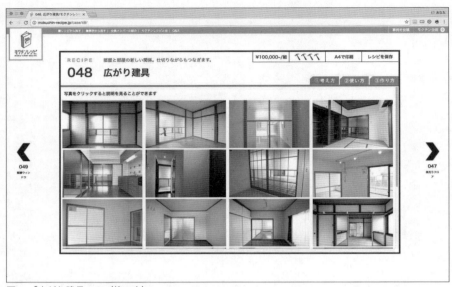

図4 「広がり建具」の〈使い方〉

図5 「広がり建具」の〈作り方〉

ますが、具体的でリアルな事例を通してレシピのアイディアをより深く理解し、自分の物件に適用する際のイメージを膨らますことができます（図4）。

最後の「作り方」のセクションでは、実際の作り方が料理のレシピのように手順を追って説明されています（図5）。細かい仕様や商品の品番なども閲覧でき、施工者が確認するためのページにもなっています。さらに、家具的なレシピに関しては、PDFで図面をダウンロードすることができます。図面をダウンロードして工務店に渡せば、アイディアをそのまま実現できるようになっているのです（図6）。

他にも、例えばトップページでは建物の部位別にレシピを検索したり、人気順や施工難易度順にレシピの表示順を変えることができます。こうしたアイディアを閲覧するための基本的な機能の他に、「木賃再生図鑑」という再生事例の内容やプロセスを紹介した記事も掲載しています。現状では、「考え方」のセクションは誰でも自由に閲覧できますが、「使い方」と「作り方」は会員専用の有料ページとなっています。モクチンレシピはウェブサービスとしてアイディアを公開するこ

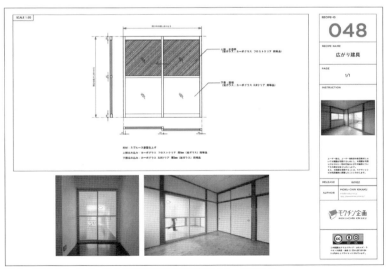

図6 〈作り方〉のページから図面がPDFでダウンロードできる

図7　ブックレットで管理していた時期のレシピ展示

とで、組織にとっての安定的な収入源にもなっているのです。

　メディアとしてのモクチンレシピは、当初はウェブではなくブックレット（図7）として管理していました。2012年にウェブ化し、その後も3回、大きなリニューアルを繰り返し、常にユーザーの動向や使われ方を検証しながら進化させています。本原稿を執筆中も大規模なリニューアルを計画しており、ここで説明したインターフェースも出版時にはまったく別のものになっているはずです。「資源」としてのデザインが、様々な主体に有効的に使われるようになるための最適なかたちを私たちは日々探求しています。

2. アイディアを育てるコミュニティ

公開するだけでは使われない

　モクチンレシピをリリースし運用していくなかで、重要なことがわかってきました。それは、アイディアが「資源」として有効に使われるためには、公開するだけでは不十分だということです。当たり前のことですが、資源はある仕組みや主体によって管理され、積極的に利用されなければ価値が発生しません。これはノーベル経済学賞を受賞したコモンズ論の研究者エリノア・オストロムによって指摘されてきた基礎的なことでもあります。森林資源や海洋資源などと同じように、資源を持続可能なかたちで運用していくためには、管理し活用する主体で構成されるコミュニティの不断の努力が必要なのです。資源のまわりにコミュニケーションが発生してはじめて「資源」が「資源」としての価値を発揮し、有効に使われるようになります。そうしたことは活動を始めた当初から直感的にはわかっていましたが、今あらためてその重要性を実感しています。

レシピの管理人

　2011年にレシピのプロトタイプが完成したあと、まずはこの「資源」を管理する主体としてプロジェクトを法人化することにしました。それがNPO法人モクチン企画です。私たちモクチン企画は、モクチンレシピという資源の「管理人」であるという意識を強く持っています。管理人としてのモクチン企画は、モクチンレシピが資源として価値を発揮するために、様々な制度や仕組みを整備していくことが重要な仕事の一つです。モクチンレシピが資源として価値を発揮するために、モクチン企画という主体は様々なリソースを発掘し、結びつけ、システムを開発・更新し、システムのまわりで発生するコミュニティを育てていく必要があります。モクチン企画がやることはすべて、モクチンレシピという資源を育て

るための活動なのです。そういう意味で、モクチン企画そのものがモクチンレシピというシステムの構成要素の一つに過ぎないと捉えることもできるでしょう。

モクチンパートナーズ

　資源の管理人とは別に、資源の利用主体も増やしていく必要があります。モクチンレシピと同時に 2012 年秋に「モクチンパートナーズ」という会員制のサービスを開始しました。これは地元密着型の不動産管理会社や工務店向けの会員サービスです。会員になることで、モクチンレシピの有料会員専用のページが閲覧できるようになり、空室があった際には気軽に相談することができる「モクチン相談室」というサービスが利用できるようになります。増減はありますが、現在は 20 社程度のパートナーズ会員がモクチン企画と日々伴走しています。

　パートナーズ会員の主なターゲットは地元密着型の不動産管理会社です（図 8、9）。地場の不動産会社は、エリアの中で、オーナーとの良質なネットワークを持っており、どこにどういったアパートがあるかなど、地域の情報をよく把握しています。こうした地域にネットワークを持つ主体と協働することで、より効率的かつ多くのアパートにアクセスすることが可能となるのです。パートナーズ会員の仕組みは、モクチンレシピを伝搬させていくための非常に重要なインフラです。こうした関係性を育てていくことで、一定のエリアの範囲内で集中的にアパート

図 8　パートナーズ会員である不動産会社の池田さん（中央）と工務店の板壁さん（右）

図 9　パートナーズ会員のネットワーク

を再生していくことも可能になります。モクチンレシピは、こうしたパートナーズ会員によって積極的に使われ、支えられることによって進化しています。

現状のサービスの課題

　モクチンレシピとともに重要なサービスの軸であるモクチンパートナーズの仕組みは、一定の成果を生み出してきましたが、それと同じだけ多くの課題にも直面しています。私たちの狙いは、パートナーズ会員全員がレシピを使えるようになり、能動的にアパートを改修していく状況をつくるというものでしたが、なかなかすべての会員メンバーが能動的に使える状況になるまでには至っていません。本来であれば、パートナーである不動産会社と戦略的に地域の将来的な未来のビジョンを策定し、それに合わせて戦略的にアパートを改修していく積極性・能動的なシステムにしたいところですが、まだその段階には達していないのが現状です。これはモクチン企画とパートナーズの間に有効なコミュニケーションの回路を十分に発達させることができていない点に課題があります。

　現在、レシピを共有資源としてよりよいかたちで利用し、お互いに情報交換をし、刺激し合える、そうしたコミュニティや使い方を学ぶことができるスクールなどのプログラムを新しく開始しようと検討しています。理想の状態は、レシピの使い方やノウハウを共有する、モクチン企画を含めたコミュニティが形成されていくことです。コミュニティづくりはそう簡単に達成できることではなく、時間がかかることですが、それでも資源が有効に使われるためには不可避のプロセスだと考えています。

3. レシピのレシピ——アイディアがレシピ化されるフロー

モクチンレシピのアイディアは「かっこいい」や「美しい」といった思いつきのセンスや発想でつくられているわけではありません。アイディアの一つ一つは、リサーチをもとに木賃アパートの課題を定義することから始められ、その課題を解決するためのアイディアとしてレシピがつくられています。アイディアを発想するきっかけとなっているのは、木賃アパートにおいて発生する生活者としての身近な問題（収納など）や、都市スケールで見たときのアパートの問題（防災や遵法性など）です。レシピは木賃アパートを取り巻く問題群に対するデザイン的解答をパッケージ化したものなのです。そのため、必ずしも個人の趣味的な要素を空間化するツール／サービスとしては優れていません。

図10が、レシピが生み出されるまでの大まかなフローです。どのレシピも必ず一度は実際に使われ、その効果が現場で検証されたものだけがウェブ上で公開されています。簡単に説明していきましょう。

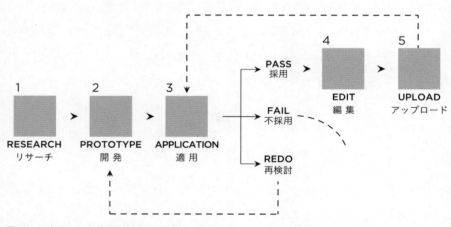

図10　モクチンレシピが生まれるまでのフロー

1. リサーチ／RESEARCH

　新しいアイディアを発想するために、木賃アパートが共通に抱えている課題を明らかにします。そのために、継続的にリサーチを行ない、アイディアを生産していく際の重要な与件づくりをしています。例えば、〈タイプ分析〉は図11にあるように、木賃アパートの間取りや空間構成を様々な視点から分類しアーカイブ化する作業です。こうした木賃アパートの型のデータベースをもとに、どの間取りに対してどれくらい既存のレシピで対応できているのか、どの間取りに対してアイディアが足りていないのか（あるいは必要なのか）を分析することができます。タイプ分析の成果の一部はPART1の「モクチン採集に行こう！」にも反映されています。

　他にも〈ヒアリング調査〉では木賃アパートに実際に住んでいる入居者へイン

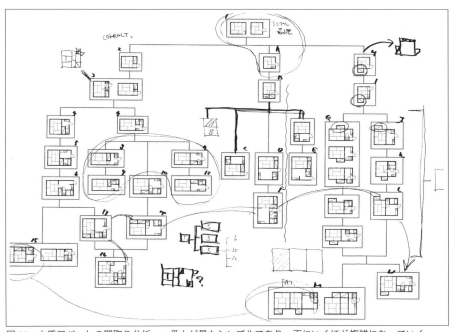

図11　木賃アパートの間取り分析。一番上が最もシンプルであり、下にいくほど複雑になっていく

図12　ヒアリング調査の様子　　　　図13　写真による課題の分析・分類

タビューします。生活していくうえで、具体的に何が足りていないのか、何に困っているのか、実際に部屋を訪れ調査します(図12)。こうした地道なリサーチから木賃アパートの機能性や住まいとしての特徴を把握することができるのです。日頃から木賃アパートに関係する様々な情報が入るようになっているので、そうしたものの整理や分析をすることで木賃アパートの置かれている状況を体系的に理解することができるようになっています（図13）。

2. 開発／PROTOTYPE

　リサーチを繰り返していくプロセスを通して木賃アパートにおいて課題となっていることが浮かび上がってきます。また、普段から行っている木賃アパートの現場調査を通して、解決しなければいけない問題も経験的に明らかになってきます。そして、そうした課題を解決するためのアイディアを考えることからレシピづくりはスタートします。モクチンレシピは、ローンチした時点で30程度のアイディアしかありませんでしたが、少しずつ新しいアイディアが追加されていき、2016年12月時点で60程度のアイディアが公開されています。実際にレシピのアイディアが生み出されるプロセスにはいくつかのパターンがあります。ここでは便宜的に1）新規開発型、2）枝分かれ型、3）合体型、4）発見型の四つに分類して紹介してみたいと思います。

一つ目は新規開発型。これは現状のレシピのラインアップでは対応できない課題があった場合に、その都度、新しいアイディアをつくり出すというアプローチです。最近は、少しずつ扱う物件の規模や種類も増えてきたので、通常、半分くらいは既存レシピの中から選び、もう半分は意識的に新しいレシピを考案し、試しています。実際にやってみたけれど、汎用性の範囲が狭すぎたり、施工がうまくいかなかったりしたものは、レシピとして最終的にウェブに掲載されることはありません。

　二つ目は枝分かれ型。これは、名前のごとく、既存のレシピが二つ以上のレシピに枝分かれして増えるタイプです。例えば、**チーム銀色 [TGI]**（133 ページ）というレシピから**さわやか銀塗装 [SGT]**（141 ページ）と**シルバードア [SBD]** というレシピが分岐して生まれました。そのほうがオペレーションしやすいというのが分岐した理由です。

　三つ目は合体型。これは枝分かれ型と逆で、よく同じ組み合わせで使われているレシピを、一つのレシピとしてまとめるというものです。例えば、**メリハリ真壁大壁 [MSO]**（131 ページ）というレシピは、もともと**まるっとホワイト [MWH]**（133 ページ）と**パキッと真壁 [PKS]**（131 ページ）というレシピの組み合わせでしたが、これを合体させることで生まれたレシピです。

　最後の発見型は、無意識に繰り返し使っていた仕様の組み合わせや改修に対する考え方に気づいた場合に、事後的にそれをレシピ化するアプローチです。当初はレシピとして想定していなかったものが、普段のオペレーションの中で「あれ、これレシピにできるんじゃない？」という気づきからレシピとして発見されるパターンです。

　このように四つに分類がすることができますが、もちろん実際の業務では厳密に四つのパターンに区別できるわけではなく、こうした分類もあまり意味のあるものではありませんが、普段の業務で、レシピを新しくつくり、既存のレシピを再検討し、そして編集しなおすというサイクルがまわっているということがわか

ると思います。木賃アパートの改修を積み重ねることで、様々なフィードバックを得ることができ、モクチンレシピの精度はそれによって高まっていきます。

3. 適用／APPLICATION

　レシピの種となるアイディアがまとまれば、必ず実際の改修案件で適用し試します。実際の現場で使ってみることで、そのアイディアの課題や可能性が明らかになるからです。うまく機能する場合もあれば、施工が難しいなど、具体的な問題点が明らかになることもあります。また、一度現場で試しておくことで、完成写真や施工プロセスを写真としてドキュメンテーションすることができるので、レシピをウェブコンテンツ化するときの素材をあらかじめ準備しておくことができます。

　最終的には、レシピ候補となっている一つ一つのアイディアに対して「採用」「不採用」「再検討」の判断を下していきます。今まで「不採用」になったレシピは数多くあります。汎用性の範囲が狭かったり、施工手間が多かったり、想定している使われ方がされなかったりなど理由は様々です。また、「再検討」になったレシピは明らかになった施工上の課題や効果を検討・改善し、他の物件で再度適用されることで、「採用」を目指します。レシピとして認められるまで、ブラッシュアップとフィードバックを繰り返していきます。

4. 編集／EDIT

　レシピとして公開されることになったアイディアは、最終的にレシピとして認定されるために「レシピ命名会議」にかけられ、名前がつけられます。名前によって、レシピが親しみやすいものとして流通し、かつそのアイディアの本質を直感的に理解できるものになっているか、そうしたことを考えながらメンバー全員でブレインストーミングをします。その場の盛り上がりだけで決まらないように（深夜に書いたラブレターのように…）、一度仮決定したあと、後日冷静な状態で

再度確認し、レシピとして正式採用されれば、ウェブにアップロードされます。とはいえ、今見ると口に出すのが少し恥ずかしいネーミングもあります。そこは愛嬌ということで、モクチン企画の仕事には割り切りが必要です。

また、一つ一つのレシピは、ウェブに掲載するために、レシピ用として図面を描き直したり、アイディアを適切に伝えるための文章や写真を用意してコンテンツとしての体裁を整えていきます。

5. アップロード／UPLOAD

最後に、独自に開発したウェブのシステムに情報を入力して、データとしてウェブ上にアップロードすれば一連の製作フローの完了です。以後は、新しく品番を更新したり、事例が増えれば画像を追加登録したりするなど、一つ一つのレシピの情報を充実させていくことを日々の活動を通して行っていきます。また、アイディアそのものも、普段使われているなかで課題が出てきたり、新たな要望があれば、そうした内容を反映させてコンテンツそのものをブラッシュアップしていきます。

また、こうした個別のレシピの作成フローに加え、定期的にコンテンツ全体の内容の見直しを行い、モクチンレシピの資源としてのバランスを再検討しています。アップロードしているアイディアが大規模なものばかりであれば、もう少し手軽にできるアイディアを開発する必要がありますし、逆に、手軽にできるものばかりが増えても、木賃アパートに対する根本的な建築的解決がしにくくなってしまいます。アイディアとしての使いやすさや難易度を注意深くバランスさせていく必要があるのです。

4. メディアとしてのモクチンレシピ

コミュニケートし続けるデザインのためのメディア

　モクチンレシピは単なるウェブサイトではなく、その裏に独自に開発したデータベースのシステムが動いています。データベースがあることにより、どのレシピがよく使われているのかを集計したり、繰り返し使われているレシピの組み合わせパターンを分析することができます。モクチンレシピの「考え方」のページに「一緒に使うとよいレシピ」という項目がありますが、これは手動ではなくデータベースが計算して自動で表示する仕組みになっています。このように情報プラットフォームという観点からも、モクチンレシピは「資源」として使われれば使われるほど精度が高くなっていく仕組みになっています。データベースでより多くの情報を蓄積し、分析を進めていくことで、より精度の高い組み合わせパタ

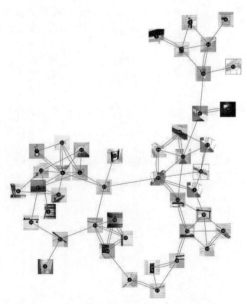

図14　レシピ同士の結びつきの強さを分析した図

ーンをユーザーに提供できるようになります（図 14）。

　このようにユーザーとの絶え間ないコミュニケーションによってコンテンツそのものが進化し、変化していくことでシステムそのものを成長させています。モクチンレシピは、それ自体が継続的に運営されることで、運営者と利用者との間でコミュニティが生まれ、育てられていく性質を持ったデザインリソースであると言えるでしょう。

レシピ CAD へむけて

　モクチンレシピは現時点ではまだ、ツールとしてシンプルな機能しか持ち合わせていませんが、アイディアを「レシピ」としてあるひとつの単位として記述し形式化していくことの可能性を追求することで、デザインの方法論として様々な新しい展開を期待できるのではないかと考えています。データベースとしての機能を精密化していき、組み合わせパターンを簡易な CAD システムをベースに操作することができれば、耐震補強や見積もりを含めて、改修案件ごとにシミュレーションが手軽にできるようになります。また、レシピを使ったあらゆる改修のアーカイブ化も可能になります。こうした技術的な展開を視野に入れながら、それが木賃アパート改修のマーケットに対してどのようにフィットしていくのか、今後も地道な検証を繰り返しながら新しいツールや方法論の開発の機会を狙っていきたいと思っています。

図15 週に一度行うモクチンレシピの定例編集会議の様子。利用データをもとにウェブサイトの構成を検討したり、現場の状況を受けて既存レシピの再検討や新規開発を行ったりする

5.「実装」のためのチームのかたち

課題に対する継続的なコミットメント

　木賃アパートという問題に対して継続的にアプローチし続けるためには、一般的な方法で設計やデザインをし、請負業として報酬をもらうというモデルだけでは限界があります。木賃アパートの場合は、家賃をそれほど高く設定できるわけでもなく、改修費の規模が小さいことも多いので、一般的な計算式で設計報酬やデザインフィーをもらうことは困難です。また、建築家やデザイナーに頼むという発想すら業界内には存在しません。さらに言うと、改修は手間のかかる仕事です。普通の設計業務として木賃アパートの改修に携わるのは、経済活動としてなかなか成立しません。仕事の中には、新築と変わらない予算や条件の改修依頼もありますが、そういったケースはまれであり、資金に余裕のあるオーナーばかりではありません。そういう意味で、木賃アパートの課題に対して本質的にコミットしようとした場合、一般的な意味での請負型の設計業務が成り立つ案件だけを仕事の対象としていては、活動の範囲が大きく制限されてしまいます。建築家として独立した当初は小さな仕事の積み重ねが組織の成長につながるかもしれませんが、一定の段階になると組織の規模が大きくなり、実績ができて仕事の条件もよくなると、必然的に利益の大きい仕事を優先的に受けることになります。当然、それが経済活動としては合理的な判断になります。もちろん、副業的に、あるいはボランティア活動として、木賃アパートを改修していくことも可能ですが、本質的なレベルで課題を解決することを考えれば、副業的な片手間仕事では不可能です。持続力に欠けるという点でも限界があります。

　そのため、木賃アパートのように、建築家やデザイナーが活動の範囲としてこなかった領域にコミットし、ミッションを達成するためには、経済活動の新しいモデルを発明することが求められます。一般的なデザイナーや建築家が置かれて

いる資本主義的サイクルから少しでも自由になる必要があるのです。モクチンレシピをはじめとしたモクチン企画による一連のサービスやマネタイズの方法はそうした意識から生み出されました。モクチン企画は、木賃アパートにまつわる様々な社会的課題を解決することに集中するために結成された時限的組織です。そのため、一般的な新築で建てる住宅の仕事は受けませんしコンペにも応募しません（メンバー個人がそうしたことをしたい場合は、違う組織を別につくればよいと考えています）。組織としてのモクチン企画は、木賃アパートにまつわる課題を解決するためにリソースを集中させるための枠組みなのです。

社会問題（「市場の失敗」分野）に取り組む同志たちとの出会い

　モクチン企画は、建築家個人の名前をブランドとするアトリエ系事務所でもなければ、組織設計事務所でもありません。そういう意味で、自分たちのやっていることをどのように位置づけ、説明すればよいのかを悩んだ時期もありました。そうしたときに出会ったのがSUSANOOというソーシャルスタートアップのためのアクセラレータプログラムです（図16）。SUSANOOは、連続起業家であり投資家の孫泰蔵と、社会起業家の支援において実績のあるETIC.が立ち上げた社会起業家向けのプログラムです。SUSANOOで出会った「ソーシャルスタートアップ」という概念は、私たちが目指してきた組織のあり方にふさわしく、考えて

図16　SUSANOO第三期がピッチをするデモデイでの集合写真

きた組織像に言葉を与えてくれました。

　そもそも「スタートアップ」とは、一般的な中小企業や立ち上がったばかりの企業を指す言葉ではなく、明確な目的やビジョンを持って事業に取り組み、ミッションを達成するために短期間のうちに組織をつくり成長する一攫千金を狙った組織形態です。国内外のスタートアップの情報を幅広く発信・提供している馬場隆明は、着実な成長を積み重ねていく組織体のことを「スモールビジネス」、新しいビジネスモデルやサービスの開発によって短期間で急成長を目指す組織体のことを「スタートアップ」として区別しています[*1]。そういう意味で、スタートアップは組織を存続させることが目的ではなく、ミッションを達成するために結成されている点で従来の組織や企業と大きな違いがあります。IT技術の発達によってスタートアップは近年急激に増えており、シリコンバレーを中心に社会の大きなうねりの一つになっています。その中でも、「ソーシャルスタートアップ」は一般的なスタートアップと違い、経済的インパクトを第一の目的にするのではなく、社会問題を解決することに重心が置かれた組織のことを言います。いわゆる「市場の失敗」[*2]分野と呼ばれている領域に対して、新しい発想やテクノロジーを携え、革新的な方法で社会に変化をもたらすことを目的にした組織体です。90年代までのボランティア活動が、00年代にはソーシャルアントレプレナー（社会起業家）としてビジネスの手法によって社会問題を解決する個人が注目され、さらに最近ではソーシャルベンチャーやソーシャルスタートアップという名のもと、組織として社会問題に取り組む新たな流れが生まれているのです。そして、そうした流れをサポートし大きくしていくための環境が整備されてきています。

　2015年に、モクチン企画は、SUSANOOの3期生として採択され、事業モデルやビジョンのブラッシュアップをしてきました。SUSANOOの卒業生には、産後うつの問題に取り組むマドレボニータや、救命救急の問題をテクノロジーの力によって解決しようとしているCoaido（コエイド）など、様々な領域で活躍する起業家たちが集まっており、刺激的なコミュニティでした。どの団体も、市場や

行政から見捨てられてきた課題（市場の失敗分野）に機会を見出し、新たな発想、サービス、プロダクト、事業モデルを生み出し、それを実際に実装することで社会に変化を与えようと活動している組織です。なかには建築家と同じように、弁護士や医師など、すでに専門職として確立したモデルに立脚しながらも、そうした職能の既存の枠組みに限界を感じ、社会の問題に本質的にコミットするために新たな領域を切り開こうと頑張る、同志と呼べる人たちもたくさんいました。建築に限らず、近代が長い時間をかけて確立してきた職能体系や専門体系そのものが融解している、そういう時代に私たちは置かれていることを強く実感し、同時にそこから新しい領域や活動モデルが様々なところから立ち上がっていくエネルギーを感じることができました。

ソーシャルスタートアップとしての建築組織

　モクチン企画が体現しようとしている「ソーシャルスタートアップとしての建築組織」とはいったい何なのでしょうか。個人の名前で仕事をするアトリエ派と呼ばれる組織形態は、何らかの縁があって仕事を依頼され、獲得した仕事の積み重ねによって成長していきます。明確なゴールを設定せず、作品として成果を積み重ねていく「成熟型」の組織と言えるでしょう。その点、（ソーシャル）スタートアップは、掲げたビジョンおよびミッションを達成するための最短ルートを模索し、短期間で成長し目的を達成するために意思決定が重ねられていきます。最短距離でゴールするための道筋を計算するという意味では「逆算型」の組織形態です。また、個人の名前を事務所に冠するアトリエ事務所は、個人と事務所が1：1の関係になりますが、ソーシャルスタートアップとしての建築事務所は、ミッションベースなので、複数の建築家が協働してもよいですし、同時にいくつかを並行して進めることも可能です。注意しなければいけないのは、これはどちらの組織形態が良いか悪いかという問題ではなく、組織の「目的」が違うというだけです。目的によって適切なチームのかたちが選びとられるべきでしょう。

ソーシャルスタートアップとしての建築組織にとってはビジョンを設定することが最も重要であり、そのビジョンを達成するためにリソースを集中させる必要があります。また、そのビジョンを達成するためには、①新しいデザインの方法論を編み出すこと、その実現を可能にする②事業モデルをつくること、そして上記2点を組み合わせ、③「実装」していくこと、この三つが求められます。この三つ目が決定的に重要です。アイディアを思いつくことは誰にだってできます。重要なのは実際にそれを実現する力です。従来の建築家モデルではコミットすることができなかった領域に取り組もうとした場合、この三つの要素のどれもが欠けてもいけません。

SVP東京の投資先・協働先として採択

　SUSANOOを通してソーシャルスタートアップとしての組織体制を整備し、チーム全体のマインドを切り替え、サービス全体のリニューアルを計画しているなか、2016年秋にソーシャルベンチャー・パートナーズ（SVP）東京の投資・協働先として採択されることが決定しました。SVP東京は、社会的な課題の解決に取り組む革新的な事業に対して、資金の提供と、パートナーによる経営支援を行っている団体です。100名以上いるパートナーと呼ばれる個人が毎年出資し、さらに個人が自分の経験や専門性を活かして経営支援をしていくユニークな組織です

図17　SVP東京のパートナーたちとモクチン企画のメンバー

（図17）。今までフローレンス、ケアプロ、カタリバ、AsMama など名だたる日本の社会起業家や NPO に対して投資をしてきた実績ある組織です。このような団体の投資・協働先として、建築系の組織が採択されたのは初めてのことです。社会問題を解決する主体として、建築家の新たな役割が期待され、SVP の投資先・協働先として採択されたのです。

　SVP 東京の各パートナーは、協働先を支援するために V チームと呼ばれるグループを結成し、2 年間かけて協働していきます。モクチン企画の V チームは、様々な専門分野からなる 10 人程度のパートナーの方々によって構成されています。V チームのメンバーと定期的に打ち合わせをし、どのように活動をスケールアウト／スケールアップできるのかを議論し、選択する手段によって本当に掲げたミッションを達成することができるのか、常に自問自答を繰り返しながら事業全体をブラッシュアップしています。目指すべきビジョンと具体的な事業モデルの改善を同時並行で考え、大きな話と具体的な話の往復運動を繰り返しながら組織の体制を整えているところです。

建築家の新しい行動様式

　近代の枠組みによって成立してきた様々な専門性や職業の枠組みが再編されていく現代社会のなかで、建築家の活動モデルはもっと多様であっていいはずです。空間を哲学し、そして構築していくという建築的思考の本質部分は、これからより重要になってくる思考体系です。そのためには、建築家の新たな行動様式を発明し、未知の領域にチャレンジしていくことが求められています。そういう意味では、モクチン企画のように、ソーシャルスタートアップとして社会的課題のクリエイティブな解決に奮闘し、新たなデザインの方法論を開発し、そのための事業モデルを発明し、実際にそれを実装していく、そうした組織や運動体が今後様々なかたちで生まれてくることを願っています。そして、そうした同志たちと積極的に連携していきたいと思っています。

6. アパート改修を社会投資へ

「取っ手」から「まち」まで

　モクチンレシピという仕組みをつくり、ソーシャルスタートアップとして活動することで、私たちが最終的にどのような戦略と意図で木賃アパートの問題に取り組もうとしているのかを整理してみたいと思います。

　モクチンレシピは、共有言語であり、設計を効率化する道具でもあり、さらには不動産屋や工務店とのコミュニケーションツールでもあります。様々な使われ方があるなか、その中でも興味深いのは、例えば、予算がなければ工事費10万円くらいから始められる一方、しっかりと融資を獲得できれば3000万円を超すような大規模な改修まで、様々な段階や要求に対して使えるツールであることです。

　0か1かではなく、修繕、リフォーム、改修、大規模改修、建て替えなど、建築的行為の範囲はグラデーショナルかつシームレスです。集めることのできる予算の範囲内で、「できることから始められる」ことにモクチンレシピの一つの価値があります。モクチンレシピは部分的な改修の積み重ねによって成立しています。例えば開口の位置を少し変えるだけで、風の流れ方を変えることができるように、部分的な介入を積み重ねることで空間の質を向上させることがモクチンレシピには可能なのです。

小さな変化から大きな運動へ

　モクチンレシピが描く変化のシナリオとは最終的にどのようなものなのでしょうか。一言で言うとそれは、まちに新たな循環を生み出すことです。空間を魅力的にし、新たな人を呼びこみ、お金の循環を生み出す、そうした新しいサイクルをデザインという枠組みを通して創出できれば、必然的に建物に再投資する選択

肢も生まれ、より能動的にアパートの未来に投資することが可能となります。築年数が古く、活用を諦めていたオーナーも精神的に前向きになり、次のステップへと進むきっかけが生まれます。

　私たちには木賃アパートを保存しようという意図はまったくありません。あくまでも建物の適切なライフスパンを見極め、最適な寿命と予算を設定し、そこに対してデザインを提供するだけです。まずは停滞している状況を少しでも動かす、そのための選択肢を提供しているのです。建物と周辺環境の「いま、ここ」の価値を最大化することが、モクチンレシピの目的であり、時には建て替えも戦略的に組み合わせていく必要があると考えています。

　こうした最低限の経済的循環と変化を少しずつ地域社会に醸成していくことで、空き家の問題も動き出すかもしれません。モクチンレシピはそうした状況をつく

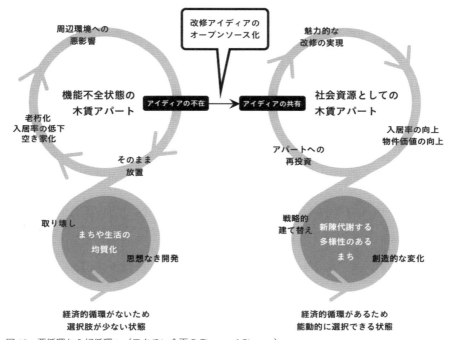

図18　悪循環から好循環へ（モクチン企画のTheory of Change）

る、一つの社会的なオプション／インフラになることを目指しています。この最小限の経済的サイクルを都市の中に少しでも多く実現することで、まちの「新陳代謝」が促され、時代に応じて柔軟に変化する都市をつくることができるのではないかと考えています（図18）。モクチンレシピというシステムを社会に実装することで、「よいアイディア」を効果的に広め、何気なく無批判に行われていた「普通の改修」がまちの魅力や価値を向上させる「社会投資」へと変化していきます。

　モクチンレシピのユニークな点は、今までの「まちづくり」というキーワードから想像される合意形成やワークショップというものとは違ったかたちで環境を改変していけるところです。関係者全員で話し合ったり、協議する必要はなく、一人一人の家主や不動産管理会社の担当者が家賃収入を向上させるためにレシピを使えばよいのです。重要な点は、その一つ一つのアイディアの中にモクチン企画が大切にしているまちや建物に対する思いが込められているので、結果的にレシピの適用によって周辺環境が魅力的になっていくという無意識の良質なサイクルが生まれることです。個人の資産への投資と、社会をよくするための投資は矛盾しないのです。巷の日常的な改修の積み重ねがそうした社会投資へと変化し、それによって地域社会・空間がよりよくなっていく、そうしたサイクルをつくっていきたいと思っています。

［注］
＊1　馬田隆明『逆説のスタートアップ思考』中央公論新社、2017年
＊2　需要と供給がある前提のもとではバランスし、安定した経済圏を成立させるが、関係主体が利益を最大化しようとした結果、利己主義的行動に走り、独占・寡占、貧富の差の拡大、公害、失業など社会問題として顕在化した領域のこと。経済合理性を追求した結果であるため、資本主義社会が高度化していく現代社会の中で、こうした社会的課題に対してどのように対処し取り組むかは人々の大きな関心となってきている。

モクチンレシピによる改修事例

改修前：整ってはいるが、ジメッとした印象の室内。

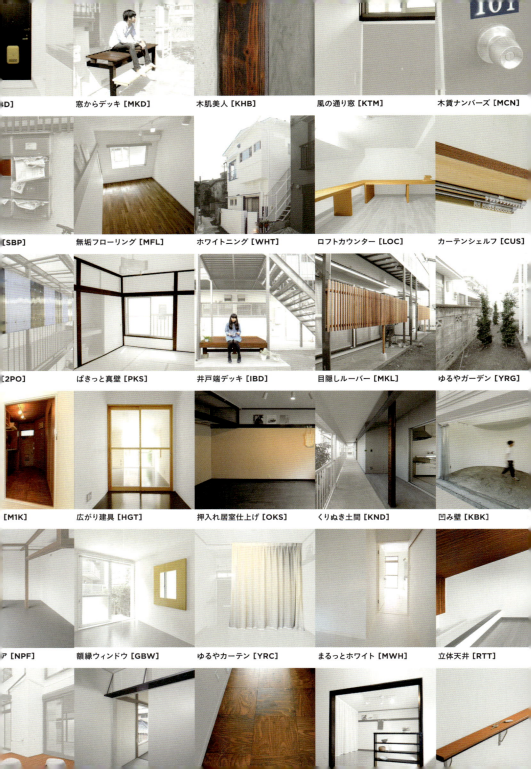

敷き [JAJ]　　はしご棚 [HST]　　おかえり照明 [OSH]　　あかるいユニットバス [AUB]　　黒光りフロア [KBF

ニウッドデッキ [MMW]　　押入れ組み替え棚 [OKT]　　L字耐震壁 [LTH]　　フロアボックス [FLB]　　かゆいとろころに棚

け長押 [KKN]　　自由の壁 [JYK]　　縁側ベルト [EGB]　　ポツ窓ルーバー [PML]　　チーム銀色 [TGI]

ックス [MDB]　　さわやか銀塗装 [SGT]　　浮き収納 [UKS]　　ねじこみボックス [NKB]　　まるっとペイント [M

り真壁大壁 [MSO]　　ざっくりフロア [ZKF]　　横幅いっぱいミラー [YIM]　　スッキリ敷地境界 [SSK]　　味のある壁 [AAK]

改修前
私物で溢れた外廊下。まちとのインターフェースである廊下の質が悪く、周辺と良好な関係を築けていない。

改修後
くぼんだスペースに自転車や植栽などを置くことができる。北側外廊下が路地のような質を獲得する。
使用レシピ：くりぬき土間 [KND] + さわやか銀塗装 [SGT] + スッキリ電線隠し [SDK]

改修前
周りが密集しているため、昼間でも暗い室内。

改修後
減築デッキによって、外から光と風を取り込むことができるようになった状態の室内。
使用レシピ：**減築デッキ [GCD]** ＋ **ざっくりフロア [ZKF]** ＋ **チーム銀色 [TGI]**

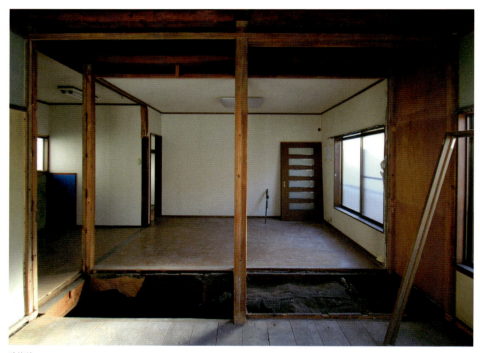

改修前
間にあった押入れを解体し、一部屋にしている様子。

改修後
既存の柱梁の軸組を生かして改修された室内。
使用レシピ：**木肌美人[KHB]** + **まるっとホワイト[MWH]** + **ざっくりフロア[ZKF]**

改修前
商店街に面したミニ型木賃。隣の工務店が資料などをガラスに貼っていた。

改修後
曲面の壁によって、道が建物のなかへと引き込まれている。ここでミニ演奏会などの催しが開催されている。
使用レシピ:**凹み壁[KBK]** + **まるっとホワイト[MWH]**

改修前
老朽化し、周りの環境と良好な関係を築きにくい状態の木賃アパート。看板がついたタイプ。

改修後
まちとの新たな関係性を取り戻した木賃アパート。
使用レシピ：L字耐震壁[LTH] + さわやか銀塗装[SGT]

改修後
既存木部の質感を尊重しながら部屋全体が整えられている。
使用レシピ：**ぱきっと真壁[PKS]** + **木肌美人[KHB]** + **のっぺりフロア[NPF]**

PART 3
木賃アパートをアップグレードする

　モクチンレシピのコンテンツである改修アイディアを考える際に、常に二つのことを大切にしています。一つ目は、個室が並べられ地域から孤立した「閉じた箱」のようになっている木賃アパートをなるべく外へ、地域へ、まちへ「ひらく」ということです。波板ポリカによる目隠し、閉ざされたペラペラのフラッシュドア、いつ見ても閉めっぱなしになっているカーテンが「閉じた箱」としての木賃アパートを表象しています。木賃アパートは固く閉じられた個室の集合によってできています。そうした個室が都市空間に無防備に置かれている様子は暴力的であり、どこか孤独に見えます。内部と外部の間を調整する空間的仕組みを持たない木賃アパートは、都市からの直截性から私的空間を守るために、必要以上に閉じた構えを備えてしまっているのです。そこに視線、光、空気などの要素をアパートに入れ込み、なんらかの関係性を創出することで生活環境を豊かにすることができます。暗かった部屋が明るくなり、ジメジメしていた部屋にそよ風が入り込むだけで、暗く湿っぽかった木賃アパートの質感は変わるのです。新しく開口を設けたりすれば、空や木々の風景を室内へ取り込むことができます。「閉じた箱」としての木賃アパートが、外部の要素と結びつくことで、住み手は豊かな生活空間を享受できるようになるのです。

　二つ目は、リーズナルブルであることです。これは言い換えると、少ない手数で最大の効果をどのように導けるかを考えることでもあります。モクチンレシピの UVP (Unique Value Proposition) は「少ない予算と、ちょっとしたアイディアで、たくさんの魅力を」です。工事費を最小限に抑えることは、既存のものや状態を最大限に生かすことを意味します。また、より多くの人が実行できる、参加できることを意味します。PART 3では実際にモクチンレシピによって改修された物件を紹介しながら、具体的なレシピの内容を紹介していきます。

CASE 1：部屋単位の改修

新築に近づけようとする一般的なリフォーム

　9部屋あるアパートのうちレシピを使って3部屋を改修したプロジェクトです。築29年、畳敷きの和風の部屋でした（図1）。こうした部屋は、普通のリフォームの場合、床をフローリング柄のCF（クッションフロア）に替え、柱の上からボードを貼り、その上に気の利いた壁紙を貼ることで洋風の部屋へと仕立てていきます。見た目をなるべく新築の状態に近づけることが一般的なリフォームの考え方・やり方です。しかし、これでは部屋全体に改修の手を加えなければいけないので、予算が膨らんでしまううえに、築古物件であることには変わりないので、表面的には騙せてもトイレが汚かったり、天井はそのままだったりと色々とボロが出てきてしまいます。この方法ではどんなに頑張っても結局は新築物件に勝つことはできません。

コストと空間にメリハリをつける

　こうした状況でよく使われているレシピが**メリハリ真壁大壁 [MSO]**です。図2を見てください。奥に見える部屋は「真壁」であるため、ほとんど手が加えられ

図1　改修前：奥に畳の部屋があり、手前の部屋はキッチンになっている

図2　改修後：メリハリ真壁大壁で改修された状態、奥に広がり建具も見える

モクチンレシピ解説

[MSO] メリハリ真壁大壁……物件の「真壁」部分と「大壁」部分で、コストと見た目の両方にメリハリをつけるアイディアである。「真壁」は和室の部屋のことであり、「大壁」は洋室の部屋のことを指す。「真壁」は柱が見えており、柱、長押（なげし）、枠などの木部を見せた仕上げのことであり、一方「大壁」は柱の上からボードを貼ることによって壁をつくる仕上げ方法で、結果的に四角いのっぺりした部屋ができ上がる。

このレシピは、「真壁」の部屋は極力手を加えず低コストで改修し、逆に「大壁」の部屋に対して予算を集中的に使い、そのことによりまったく異なる空間をつくるものである。異なる質感を持つ部屋が隣り合わせになることでユニークな賃貸物件にできる。通常は大壁に改修されてしまう「真壁」の部屋は、整えるだけで十分に魅力的な部屋になるのだ。そういう意味で木賃アパートだからこそできるアイディアと言える。また、「メリハリ真壁大壁」は真壁部分と大壁部分をチェックして、それに合わせて自動的に仕上げを決めていけばよいため、誰でも簡単に計画することができるのも特徴だ。

真壁の部屋は、「DIY可」にしておくこともできる。価値観やライフスタイルが多様化しているなか、すべての部屋をパッケージ化し提供するのは限界がある。入居者が自分でカスタマイズできる余白を残しておくことも時には効果的だ。

[ZKF] ざっくりフロア……普通は下地材で使う構造用合板をそのまま床の仕上げとして使うレシピである。畳を剥がしてその上から直接貼る。敷居との段差はあえてレベル調整などはせず（レベル調整でコストが膨らむ）、軽く四方を面取りしてから貼るのがポイント。敷居との段差をあえて残すことで、入居者が自分で置き型のフローリングやカーペットを設置しやすくする。家賃が入るようになり建物に再投資できる段階になったときに、フローリングなどで仕上げることもできる余地がある。塗装すれば木目が浮き上がり、独特の模様が部屋を彩ってくれる。

[PKS] パキッと真壁……真壁の柱や長押がパキッと映えるように、壁部分の仕上げの指定をしたもの。塗装であれば色番号、壁紙であればメーカー名と品番が掲載されている。賃貸であるということも考慮し、汚れが目立ちにくく、木部との相性がよいものをセレクトしてあるため、和室改修の定番レシピになっている。

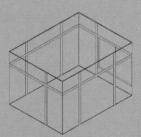

図3　パキッと真壁のアイソメ

ていません。もともとあった畳を引き剥がし、**ざっくりフロア** [ZKF] に替え、壁は**パキッと真壁** [PKS]　（図3）でまとめただけです。一方、手前の大壁の部屋は、綺麗な白い部屋をつくる**まるっとホワイト** [MWH] によって、清潔感のある部屋に設えられています。同じようにキッチンや水回りなどの部屋も、**まるっとホワイト** [MWH] によってまとめられています。真壁の部屋はほとんどお金をかけず、逆に大壁の部屋は一般的な原状回復のリフォームと同等のコストで改修しています。こうして、二つの異なる質感の部屋が隣合うことになり、(同時にコストにも差がついた) メリハリのある空間として空室だった物件が再生されました。

空間を広く見せる工夫

　また、部屋を仕切っていた襖は、**広がり建具** [HGT] に取り替えられています (図4)。**広がり建具** [HGT] によって2間続きである間取りの奥行きや広さが感じられるようになります。部屋に入ったら、一番奥にある庭やベランダまで視線が床を伝って通るため、風景や外の気配を感じられる開放的な空間になり、外からの光も部屋全体に行き渡るので、通常は北側や玄関脇の暗い水回りも明るい部屋にすることができます。現状の間取りを残しながら、それでいて一体感や広がりの感じられようにする**広がり建具** [HGT] は木賃のような狭い部屋では効果的なアイテムです。

　加えて、定番レシピである**チーム銀色** [TGI] や**ライティングレール** [LTR] によって部屋全体の細部が整えられています。使いやすくローコストなので、どちらもよく活用されているアイディアです。もともと家賃が5.8万円だったこの物件は、最終的に6.5万円で入居者が決まりました。

[MWH] **まるっとホワイト**……賃貸で一般的に使われている量産品のCF（クッションフロア）や壁紙を使って、白く清潔感のある部屋をつくるためのレシピ。おすすめの品番が指定してあり、その中から選べば、誰でも簡単に白いシンプルな部屋を安く設えることができる。

[HGT] **広がり建具**……真ん中に横桟が入ったスプルース材の建具であり、普通は上部に透明ガラス、下部に磨りガラスを入れるのが一般的であるが、それを上下反転させたもの。透過性のない一般的な襖は、部屋を暗く窮屈にしている可能性があるが、広がり建具にすることで、部屋全体に光を届けることができ明るい印象に変えることができる。上部は乳白色のアクリルを使うことで、視線を区切り部屋を分割しつつも、下部が透明なので隣り合う部屋の床面が連続して見え、木賃アパートの狭い部屋に奥行きと広がりをもたらす。ワンセットおよそ10万円ほどでできるうえに、巻き込み工事の心配がなく取り替えが自由にきくアイテムなので、どんな物件に対してもピンポイントで使えることが強みだ。

　二つの部屋をつないで奥行きを持たせることもできれば、建具をすべて広がり建具に替えることで、部屋を仕切りながら同時に一体感を与えることも可能だ。入居者が空間の関係性をフレキシブルに調整できるこうした建築装置はもっと様々なバリエーションで考案できそうである。モクチン企画で改修するときは、クリア塗装をし、素地の色調のまま仕上げることが多いが、ユーザーによっては、柱の色と合わせたり、白く塗装したり様々なアレンジが加えられている。

 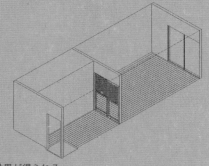

図4　広がり建具によって部屋の上下で異なる視覚的効果が得られる

[TGI] **チーム銀色**……コンセントプレート、スイッチプレート、取っ手、ハンガーパイプ、カーテンレールなどあらゆる小物製品をステンレスやアルミなどのメタリックな質感を持つ素材に統一するというレシピである。通常、こうしたパーツは、プラスチックや木目柄など使われている素材がバラバラでまとまりがないことが多い。一つ一つの部品は小さく些細なものばかりだが、こうしたパーツを統一するだけで驚くほど部屋の印象を変えることができる。また、銀色製品は木造の質感と相性がよく、古臭い印象の木賃アパートも、細部がステンレス製品に変わることで、現代的な印象

CASE 2：外構の改修

無計画な建物の配置

　図5の建物を見てください。私たちが現場調査で最も頻繁に出会う典型的な状況の一つです。2階には何組か人が住んでいますが、1階にある5部屋は、雨戸が全部閉まっており、すべて空室の状態です。賃貸において、1階の部屋は道との距離が近すぎるため敬遠されがちです。しかも、このアパートの場合、前面道路がこの付近一帯の抜け道として機能しているため、通行人や車が多く、居室が外から見えてしまいます。一般的に、アパートは「南側信仰」とも呼べる「南側に居室や窓があればよい」という固定概念によって自動的に設計されていることが多く、このアパートのように周辺との関係が考慮されることなく、間取りと配置が決定され建てられていることがよくあります。

適度な距離感をつくる

　さて、こうした状況の場合、**ポツ窓ルーバー** [PML] と **縁側ベルト** [EGB] の組み合わせが解法の一つとして有効です。この二つのレシピのように、ちょっとした中間的領域をアパートに挿入することができれば、それが外部との関係性を調整

図5　改修前：道路から部屋がまる見えの状態

図6　改修後：ポツ窓ルーバーと縁側ベルトによって道との関係を調整している　(© Chikako Ishikawa)

を与えることができる。ステンレス製品がポイントとして空間内に配置されることで部屋全体が引き締まるから不思議だ。

[LTR] **ライティングレール**……照明器具をダクトレールにするというレシピ。天井の端に設置すれば天井面を広く見せることができ、すっきりとした印象にすることができる。また、真壁の部屋であれば端の位置と合わせて設置するなど、レールという細長い形状を生かして、部屋にアクセントを与えるアイテムとしても使える。また、入居者が好きに照明を変えたり、位置を調整したりすることができるので、賃貸との相性が非常によい。

[PML] **ポツ窓ルーバー**……アパートと前面道路との関係を調整するレシピである。居室のまえにルーバーを設置し、部屋から見える景色に合わせて開口部をあけていく。部屋によって開口部が開けられる位置が違うため、建物の立面にもリズムが生まれ、外観全体の印象も大きく変えることができる。

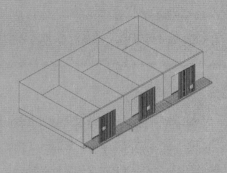

図7　ポツ窓ルーバーと縁側ベルト　(© Yuko Nakano)

[EGB] **縁側ベルト**……2階の部屋に設置されている鉄骨ベランダの柱の落ちる位置に合わせて設置する長い縁側である。奥行き900mmくらいの隙間空間は多くの場合、鉄骨ベランダを固定するためだけにうたれた土間コンが荒く広がっていることがほとんどであり、あまり豊かな空間とは言えない。しかし、こうした場も人が使える空間に丁寧に整えることで、入居者の生活範囲を広げることができる。「ポツ窓ルーバー」と相性がよい。

する空間装置としての役割を果たします。道路からの視線がコントロールされるので、適度な距離感が生まれ、デッキ部分は居室の延長として入居者が使える場所へと転換されます（図6、7）。

　このプロジェクトでは、外構を改修する同じタイミングで1部屋だけ改修し、入居者が決まったら残りの4部屋の改修も進める予定でしたが、外構がよくなった影響で何もしていない他の4部屋もそのまま入居者が決まってしまいました。また、周辺環境とよりよい関係をつくる意味で効果的であり、近くに住むおばあちゃんが、このアパートが改修されたことにより散歩道が楽しくなったと、喜んでいたことは印象的でした。

CASE 3：アパートまるまる一棟の改修

物で溢れた外廊下

　神奈川県青葉区の平原橋という交差点に建つ築42年のアパートの改修です。1階は四つの店舗からなり、2階は4部屋の賃貸でした。室内はだいぶ痛んでおり、木賃アパート特有のジメッとした暗い雰囲気になっていました（図10）。1階には長いこと入居している電気屋と理容院が入っており、他の部屋は長期間空室で募集をかけていない状態でした。オーナーは、すでに入居している二つの店舗を残したまま、全体を改修することを希望されていました。2階の外廊下には、洗濯機、傘、メーター類や機器類など、様々な私物や物が無造作に置かれて、雑然とした雰囲気になっていました（図9）。木賃アパートの典型的な風景の一つです。こうした濃密な生活感の外部への露出が木賃アパートを地域から遠ざけている要因の一つになっています。初めてアパートに訪れる人にとっては、身構えてしまう、そういう独特の雰囲気が木賃アパート、そしてこの物件の外廊下から漂っていました。

[KND] くりぬき土間……木賃アパートの外廊下の暗い雑然としたイメージを変えるために考え出されたレシピである。平面図を見てわかるように、各部屋の一部をくり抜き、外廊下に面した外部の土間スペースをつくり出すアイディアだ。凹んだ部分が土間スペースになっており、これは各居室の専有部として扱う。廊下側がこうした形状になるため、各部屋の玄関は1.8mほどセットバックすることになり、廊下と玄関の間が関係性を調整するバッファーとして機能するため、玄関側のドアをガラス框戸などにしてオープンにしても、あまり気にならなくなる（閉めたいときはカーテンがつけられるようになっている）。そのため、北側からも南側からも採光をとることが可能となり室内が明るくなる。

もともとは壁に沿って雑然と設置されていた様々なメーター類も、各ユニットの土間スペースの左右の壁に設置されるため、突起物が共用廊下側に現れることがなく、全体的にすっきりした印象になる。さらに耐震壁を効率的に配置できるのもこのレシピの特徴だ。普通は、耐震補強を実施すると壁が増え、窓が小さくなり、部屋が暗くなってしまう傾向にあるが、この土間スペースの存在によって玄関扉をガラス戸にできるので、廊下側に面した壁は窓など設ける必要がなく、耐震壁を十分に配置することができる。

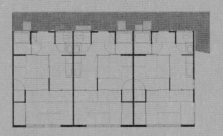 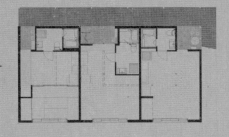

平面図の例

部屋と外廊下の新たな関係（© kentahasegawa）　　明るい北側の玄関（© kentahasegawa）

図8　くりぬき土間

外部との関係を調整する土間空間

　この物件の改修では、**くりぬき土間** [KND] というレシピによって、北側外廊下のイメージを大きくリノベーションしています（図8、11）。今まで私物で溢れ返っていた外廊下が、**くりぬき土間** [KND] によって、スッキリとした場所に変わりました。各部屋に専有の土間スペースが付加され、日頃の生活の中で発生する様々なものを受け止める空間になっています。濃密で私的な雰囲気だった廊下に適度な距離感が生まれ、北側に対しても開口を大きくとることができました。中央の202号室からは、目の前にある隣家の樹木を風景として部屋の中に取り込むことができるようになっています。部屋全体も北側と南側の両方から採光がとれ、普通は北側で暗くなってしまうキッチンや玄関が明るくなっています（図12）。ものによって専有されていたスペースが、**くりぬき土間** [KND] によって、居心地

図9　改修前：私物で溢れた外廊下　（© kentahasegawa）

図10　改修前：じめっとしたもとの室内（© kentahasegawa）

図11　改修後：くりぬき土間による改修、設備が土間の側面に収められているので、廊下がすっきりとする
（© kentahasegawa）

図12　改修後：南北両方から光が入り込む（© kentahasegawa）

[OKS] **押入れ居室仕上げ**……ただでさえ狭い木賃アパートの個室で、押入れは部屋を圧迫するほど大きく、そして、現代のライフスタイルにおいては実用的な収納だとは言えない。「押入れ居室仕上げ」は、押入れの内部を解体し、室内側と同じ仕様で仕上げるというレシピである。居室の延長のようになるので、部屋の印象が広く感じられる。また、カーテンレールなどあらかじめ取り付けておけば、カーテンを設置し今までと同じように収納スペースとして使うことも可能。ハンガーパイプなどつけておけばより便利に。不動産業界では押入れ対策として、クローゼットに取り替えることが比較的多い。

図13　右奥に押入れがあった（© kentahasegawa）

[NPF] **のっぺりフロア**……限られた予算内でアパート改修を実現していくためには、リーズナブルでかつ簡単に部屋全体の雰囲気を変える方法が求められる。「のっぺりフロア」は、賃貸で一般的に使われている量産品のクッションフロア（CF）のなかから、灰色（グレイ）調のものを選定し、それを床として施工するというものである。CFはたくさんのバリエーションがあるが、そのなかでも既存の木部、襖、土壁などの木賃パーツと相性のよい無地のグレイのものを選択している。

不思議なもので、床をCFの無機質な感じに変えるだけで、汚れて古臭い壁や天井の古い既存エレメントが床と対比的になり、新旧がバランスした独特の質感をもった部屋に仕立てることができる。あれもこれも手をつけはじめると改修が大袈裟になっていくが、床だけ（しかも、いつも使っていて施工しやすいクッションフロア！）を整えるだけで、木賃アパートのあの独特のジメッとした嫌な空気感を払拭することができる。

[KHB] **木肌美人**……一般的な不動産業界において、木造であるということを示す柱や梁などの木部はどちらかと言えばネガティブな要素であり、木賃アパートのリフォームや改修において、多くの場合、柱を隠すようにボードで木部を隠したり、あるいは露出しているものは、ペンキなどで木部であるということがわからないようにカモフラージュされてしまう。「木肌美人」というレシピは、解体工事などで表出した木部は、隠したり塗装したりせずに、そのままの状態にしておくというシンプルなアイディアであるが、賃貸業界においては、レシピとして定式化しておくことは、木造や既存の良さを最大限生かしていく意識を生むので、意義がある。木肌美人として、時間の蓄積を刻んだ柱が室内空間に現れているだけで、例え他の床や壁が量産品の安価な化学系の素材であったとしても、部屋全体の雰囲気をチープにすることを防いでくれる。

のよい共用部と専有部の関係を獲得し、住んでいる人の気配や雰囲気がほどよい距離感で感じられる路地みたいな場へと変わったのです。

既存の質感を活用しながら

室内は、おなじみの**チーム銀色** [TGI]、**ライティングレール** [LTR]、**まるっとホワイト** [MWH]、**押入れ居室仕上げ** [OKS] （図 13）などのレシピが使われています。床はどの部屋も**のっぺりフロア** [NPF]、ポイントとして**木肌美人** [KHB] が使われているので、柱の存在感そのものが部屋の価値を生み出しており、床や壁がクッションフロアや量産品のクロスでも独特の雰囲気が出ます。一般的なリフォームでは、既存部分は単に古い部分として隠されてしまうことがほとんどですが、うまく活用することで、ローコストで部屋をまとめ安っぽくならないようにスパイスを加えてくれるアイテムに変わります。

また外構に関しては、角地であるという特性や店舗ということを踏まえ、**L字耐震壁** [LTH] によって交差点との新たな関係性がつくり出されています（図 14）。外壁は**さわやか銀塗装** [SGT] によりまちに対する新たな顔を手に入れました（図 15）。

時代遅れの建築基準法

このアパートの屋根のまわりには看板がついていました。そのままでは屋根と看板の間に谷があるので雨漏りの心配があり、屋根形状を整え、耐震性能を向上させるため、瓦を鉄板に替えることを計画していました。しかし、このアパートの用途は共同住宅であり、「過半を超える修繕」をする場合には確認申請が必要になります。ここで問題にぶつかりました。確認申請を出すことができるのは適法の建物のみです。申請

図 16　屋根の半分で仕上げが異なる

[LTH] **L字耐震壁**……普通、耐震壁を計画的に配置する場合、オセロで角をおさえるように、なるべく建物の角に耐震壁を配置し、全体を強くするのが基本だ。そのため、耐震補強によって建物が強くなるが、その分窓が小さくなったり、壁が増えたりして、建物が閉鎖的になってしまう傾向にある。このL字耐震壁というレシピは、L字壁を180度反転させて配置することで、アパートの外形に凹んだ部分をつくることによって、そうしたスペースが周辺のコンテクストに関係していくことを期待して考え出された。

図14　周辺に対してひらいた耐震壁の配置（撮影：新建築社写真部）

[SGT] **さわやか銀塗装**……木賃アパート特有のジメッとした外観の暗い雰囲気を払拭し、名前の通り、新しくさわやかな一面を引き出すレシピである。外壁や鉄骨階段など銀色に塗装することで、今までの重苦しい雰囲気を消すことが可能であり、時間が経過しても白やベージュのように汚れが気になりにくいこともポイントだ。夕方や夜になると、今までは暗闇のなかに沈んでいった木賃アパートが、さわやか銀塗装によって、街灯のわずかな光を反射させ、夜のまちにわずかな彩りを与えてくれる光景はなかなかいいものだ。

図15　銀塗装された木賃アパートの外壁と外階段
（© kentahasegawa）

図通りに建設されたことを証明する「確認済証」を普通はどの建物もとっているはずですが、古い年代の建物は紛失してしまっているか、そもそもとっていないものが数多くあります。このアパートも確認済証がありませんでした。そのため、一般的なルートでは確認申請を出せません。行政区によっては耐震性能が向上するため例外的に屋根をふき替える許可を出していますが、横浜市の場合はそうした判断はしないという見解でした。しかし、(不思議な話ですが) 屋根の半分を改修し終わった次の日に、もう半分の工事をすることは問題ないと言うのです。しかし、そうしたことをやってしまっては、逆にこちら側のモラルが問われます。現在の建築基準法は「新築」を前提に内容が構成されています。ストック活用していくための仕組みや柔軟さは組み込まれていません。最終的にこのプロジェクトでは、屋根の半分のみを改修し、残り半分は瓦屋根をメンテナンスし、性能上問題ないように整えました。こうした制度的な障害や状況を発信し、少しずつ変えていくこともモクチン企画の重要な仕事だと考えています (図16)。

CASE 4：木造一戸建ての改修

相続のタイミングで空き家になる

　築51年の木造戸建ての改修です。もともとは高齢の女性が一人で住んでおり、亡くなったことによりご子息が相続しましたが、すでに別の場所に住まいがあったため、ここに住むという選択肢はありませんでした。しかし、築古の物件を賃貸として貸せる自信もなく困っていたところ、モクチン企画のパートナーズであり、資産運用のコンサルティングなどを行っている加藤豊さんが率いる地場の不動産会社に相談したのがプロジェクトの始まりです。加藤さんの考えた計画は、この物件をモクチン企画による改修案とセットにして、投資目的のオーナーに購入してもらい、建物を再収益化するというものです。実はCASE 2もそうだった

[GCD] **減築デッキ**……木賃アパートのリサーチをしていると、増築にある一定パターンがあることがわかってきた。例えば、下屋と言われる建物から突き出た平家部分が増築されていることが多くあり、その使われ方や空間の配置を見てみると、無計画な増築によって周辺の建物密度を上げ、光や風を遮断していることがわかる。こうした状況を改善するために「減築デッキ」というレシピが生まれた。減築デッキは、既存の下屋部分を解体・撤去し、基礎部分を再利用することで外部デッキをつくるアイディアである。

不動産の一般的なロジックから考えると、床面積は多ければ多いほどよいが、建物が置かれている実際の状況を考えると、一概にそうとは言えないことは明らかである。単純に面積を維持したり増やしたりすることのみを考えるのではなく、一つ一つの空間の質を高めることをもっと考える必要がある。減築デッキではくりぬき土間のケースと同じように、専有面積は減るが、その分外部空間を手に入れることが可能になる。また、あるエリアで減築デッキが増えていけば、こうした隙間スペースがポツポツと地域の中に生まれ、エリア全体が適切な密度へと再編・調整されていくことになる。

図17 改修前：昼間でも暗い室内

図18 改修後：減築デッキにより、光を取り込むことができるようになった室内 (© kentahasegawa)

図19 工事中の様子

図20 生活空間の延長としての外部 (© kentahasegawa)

のですが、アパート改修は相続対策で有効になるケースが数多くあります。

密集した周辺環境

物件のまわりは密集市街地であり、隣家との距離が近いため、室内は昼間でも暗く、1階部分は風通しも悪い状態でした。2階には3部屋あり、1部屋は階段によって内部でつながっており、他の二つの部屋は外階段からアクセスし、キッチンとトイレが共用でした。建物自体は何度か増改築した形跡があり、外壁もサイディングが貼られており、外からは築50年以上には見えません。

室内に光と風を取り戻す

この改修では、室内を暗くしていた原因の一つである増築部分に着目し、**減築デッキ [GCD]** というレシピで平屋部分を解体撤去し、デッキを新設しました。減築デッキによって、隣家との間に空間が生まれ、部屋内部に光と風が入るようになりました（図17〜20）。暗くジメジメとした部屋は、建物面積が減ったものの、その分だけ多くの光と風を獲得し、部屋に光が差し込むことによって木部などの既存エレメントにも新たな質感が得られました。入居者は生活の場を内部だけで完結させる必要がなく、外部空間も合わせて使えるようになります。

外構の2階へのアプローチ部分は**スッキリ敷地境界 [SSK]** によってブロック塀ごと取り壊し、外階段とまちがつながるようにしました。この物件は1階と2階で2世帯が住むアパートとして改修したため、塀を壊すことによって、各住戸の独立性が高まり、建物全体もすっきりと明るい感じに変わったという意味で効果的に使われたと言えます（図21、22）。

また部屋の内部は、すでにお馴染みの**メリハリ真壁大壁 [MSO]** や、キッチンをはじめ水回りは**まるっとホワイト [MWH]** で改修されています。真壁の和室部分は極力原状を残しながら最低限の手数で改修を実現しました。最終的には、1階も2階も入居者が決まり、建物全体を再収益化することに成功しました。

[SSK] **スッキリ敷地境界**……多くの家は、身長の高さほどもある塀で敷地境界線を張り巡らされており、そこでは視線の交換や、視線による空間的広がりを享受することすら許されていない状況がある。木賃アパートの場合、そうした塀が圧迫感を生み、閉鎖的な雰囲気を助長している例も少なくない。また、阪神・淡路大震災のとき、老朽化したブロック塀が倒壊し、避難経路を塞いだ事例も多くあった。

スッキリ敷地境界はそうした問題意識から生まれたものであり、老朽化したブロック塀を撤去する、非常にシンプルなアイディアである。撤去したあとは特に新しい塀やフェンスをつくらず、そのままにしておくのがポイント。塀がなくなったアパートは、目の前の道と関係を持つようになり、開放的な雰囲気へと変わる。防犯対策の点でも、侵入者が身を隠す場所や死角が少なくなるため、効果的である。

こうしたレシピが広まることで、塀という垣根がまちからなくなり、新たなランドスケープが生まれると面白い。代わりに、植栽など日常生活に彩りを与えるものがゆるやかに空間を分節し、人と人の距離を調整する、そうした風景が生まれることを期待している。実際、木造密集地域ではそうした風景は日常的に見られ、垣根をなくして、空間を連続的につないでいくことで、敷地を超えた地域の関係性を築くことが可能になる。

図21 改修前：塀で囲まれた状態の建物

図22 改修後：塀がなくなり、明るく開放的になった
(© kentahasegawa)

モクチンレシピ式発想法

　ここではPART 3で紹介してきたモクチンレシピのアイディアの幾つかをイラストで紹介します。まちから関係をシャットアウトしてしまっている「閉じた箱」としての木賃アパートを、いかに外部に対してひらいていくのかということを常に考えてきました。まだまだアイディアとしては未熟なものばかりですが、現場での適用とフィードバックを通して常に進化しています。ここでは新たな関係性を木賃アパートが持つことで、「つながりを育む空間装置」として木賃アパートがどのように進化・更新していくことができるのか、想像力を膨らませてみましょう。

部屋と部屋の新たな関係性をつくる
広がり建具 [HGT]
→本文 p.133

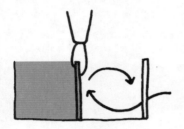

襖は光を通さないので、奥の部屋が暗くなりがち。ただでさえ狭い木賃の部屋を窮屈にしている。襖は取外しが自由にできるので、実は改良しやすいポイント。

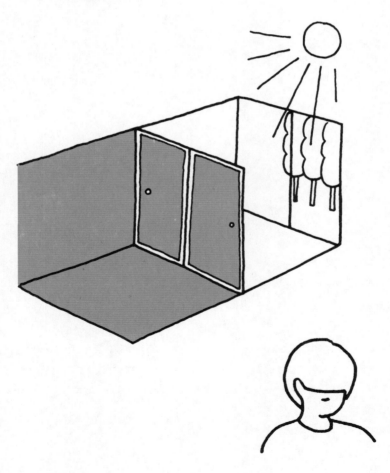

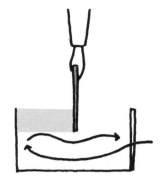

上部は乳白、下部は透明の建具にすることで、目線を遮りつつ、光を奥の部屋まで届けることができるように。床面が連続して見えるので、部屋全体の一体感とひろがりが感じられるようになる。

視野が明るい！広い！

建物の密度を減らして、室内に光と風を取り込む

減築デッキ [GCD]
→本文 p.143

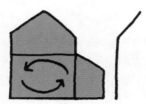

建物が密集していると、光や風をブロックしてしまうので、室内が広くても、暗いジメジメとした空間になってしまう…。

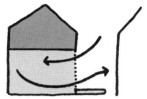

余分なものを取り除くことで、別の豊かさを手に入れよう。下屋部分を減築することで室内に光と風を取り入れることができるようになる。

減らして心地よさを得たわ

まちとの適度で居心地のよい距離感をつくる
縁側ベルトとポツ窓ルーバー
[EGB] [PML] →本文 p.135

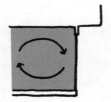

道との関係が近すぎると、どうしても閉じがちになってしまう室内。カーテンを閉じるか開くかの二択で、なんとなくどちらも居心地が悪い…。

縁側とルーバーがあるだけで、道と室内に新たなスペースが誕生。視線、光、風を調整してくれるので、閉じつつひらく、ひらきつつ閉じるという新たな生活が可能に。

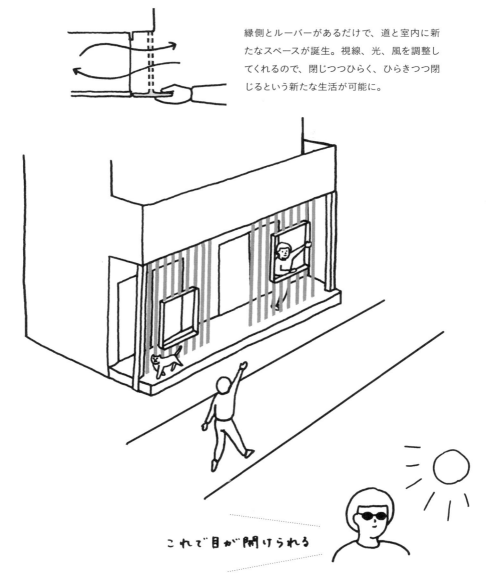

路地を建物の内側へと引き込み、まちと一体化する

凹み壁 [KBK]
→本文 p.123

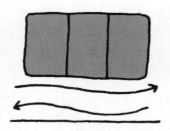

周辺に対して無関心な建物と道。なにも新しいことや出会いが生まれそうにない。建物は誰かの所有物で、道は人や車が通るだけ。

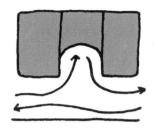

そんな関係性が少し変化するだけで、新しいアクティビティが生まれるかも。建物は道の一部となり、道は建物の延長になる。さて、なにか楽しいことを始めましょうか。

この線、柔らかかったんだ！

モクチンレシピ式発想法

まちと部屋を、外から内を、段階的につないでいく
くりぬき土間 [KND]
→本文 p.137

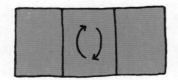

部屋を出たらいきなり外廊下なのが、ちょっと息苦しい。プライバシーを守るために、どうしてもドアや窓も閉じがちに。廊下はいつの間にか私物で溢れて汚い。

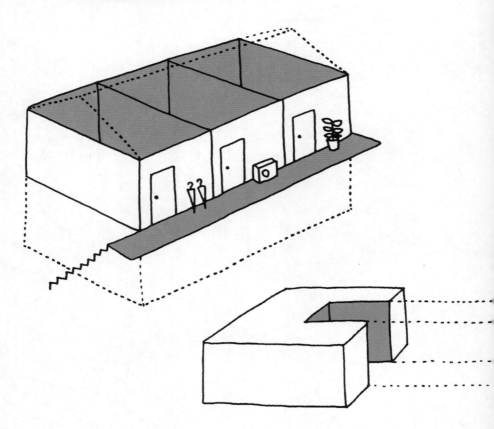

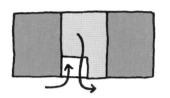

部屋の面積は減るけれど、土間によって部屋と外廊下が段階的につながるので、必要以上に部屋を閉ざす必要もなくなり、生活が開放的になる。

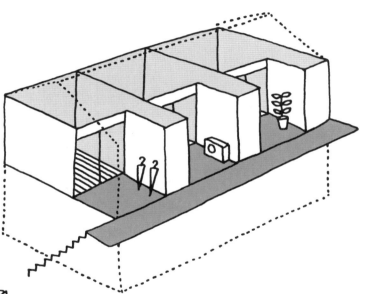

「くりぬく」なんて大胆！

モクチンレシピ式発想法

建物の境界線をなくし、回遊性の高いまちをつくる

スッキリ敷地境界 [SSK]
→本文 p.145

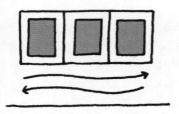

敷地境界線を明確にして、自分の領土を守ることに精一杯。そうしたら、いつの間にか、周りとのつながりが失われ、どこか寂しいまちに。

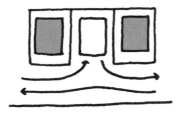

敷地を取り囲むバリアを撤去し、もっとオープンで開放的な住まいを手に入れよう。まちとの積極的な関係が日々の生活を豊かにしてくれるかも。

こんなにスッキリ！

モクチンレシピ式発想法

PART 4
つながりを育むまちへ

　モクチンレシピが広まり、多様な主体に使われるようになることで、4畳半の小さな改修が、都市的広がりを持つより大きな実践へと変わっていく可能性があります。それは、モクチン企画にとっての最大のロマンです。重要な点は、受け身の態度でこうした変化を期待しているわけではなく、そのためのデザインの方法論と事業モデルを組み立て、そういった状況が起きる可能性を最大化しようとしている点です。もし実現すれば、最小限のリソースでまちの文脈に介入することができ、今までになかった偶発的な出会いやキッカケを必然的に生み出していく状況を空間を通してサポートできるようになります。私たちの知らない様々なところでレシピは使われていますが、この運動をより大きな範囲へとスケールアップ／スケールアウトさせる方法を現在模索しています。

　PART 4では、面的展開の可能性を感じさせる事例を紹介したいと思います。木賃アパートがまちの中に点在しているという可能性を利用し、まちそのもののソフトウェアを、ハードウェアの改変を通して書き換えていくイメージを膨らますことができると思います。知らないうちに、知らないところで同時多発的にそうした状況が発生することを想像するととてもワクワクします。

1. 住み続けられるまち ── 地域善隣事業

住まいの支援と生活の支援

　2014年に、地域包括ケアの枠組みを事業モデルとして創出することを目指したプロジェクトに、明治大学教授の園田眞理子先生のお誘いのもと参加しました。このプロジェクトは、高齢者住宅財団による2013年度の研究調査事業の一環で行われたものであり*1、研究調査の目的は「地域善隣事業」という社会事業モデルを構想し検討するものです。「地域善隣事業」は地域プラットフォームの構築手法であり、社会福祉法人、NPO、医療法人、さらにはまちの不動産会社などの賃貸事業者や地権者、家主を含めた各プレーヤーを領域横断的に組織し、低所得高齢者の支援やセーフティネットを「施設型」ではなく、「地域包摂型」で構築しようというものです。具体的には、地域にはたくさんの空き家があり、オーナーや不動産会社が困っているという状況と、福祉系の事業者が部屋や施設の不足で悩んでいる状況をマッチングすることで、「住まいの確保」と「住まい方の支援」の両面から地域ケアの枠組みを創出していくことが目指されました。住まいは、空室率の上がったアパートや空き家を発掘し、求められる性能を満たす改修を実施したうえで「互助ハウス」として運用し、居住スペースを地域に点在させていくことによって確保していきます。モクチン企画は、定期的にこの研究会に参加し、プロジェクトにおいて必要となる空間モデルや、互助ハウス専用の改修方法をレシピとしてまとめ提案していきました。

コミュニケーションの発生する空間的仕掛け

　PART 3で先述したように、1階の部屋は前面道路との距離が近いため人気がなく、空室になりやすい傾向にあります。これは賃貸業の観点からはネガティブな状況として捉えられがちですが、今回のプロジェクトの場合、想定される住み

図1　南側アクセスを可能にする新設のデッキと動線　図2　まちのなかに点在するコモンスペース

手が高齢者のため、バリアフリーという観点からは逆にこうした条件が好都合に働きます。地域に点在するアパートの1階部分をバリアフリーに改修し、2階を通常通りの賃貸住居として貸し出す仕組みを採用することによって、若い世代と高齢者が共に暮らす住環境を実現することができます。私たちはこのような状況を実現する住まいのあり方をレシピとして考えました。

　一つは、建物の居室側部分（主に南側）にバリアフリーに対応した**アクセスデッキ [ADE]** を設置するというものです。ポストの位置をデッキ側へ移動し、掃き出し窓を改良することで、直接デッキから居室へアクセスできるようにしています（図1）。普通は、北側廊下に玄関があることで、建物の裏手にまわって居室へアクセスすることになります。それでは外から来た訪問者と入居者の接点が生まれません。しかし、このアクセスデッキによって、郵便やヤクルトの配達など、アパートへの訪問者が自然に南側デッキを主動線として利用することになり、入居者とのコミュニケーションが発生する機会を増やすことができます。室内に何か異変があったり、カーテンが毎日閉めっぱなしになっていたりすれば、早い段階で変化に気づくことができ、生活支援をしている事業者に連絡するなど連携しやすくなります。このような空間的仕組みが埋め込まれていることによって、地域が一体となって高齢者を見守ることができるようになるのです。北側廊下のままでは、内部と外部が分断されているため中の様子を伺い知ることが難しく、何

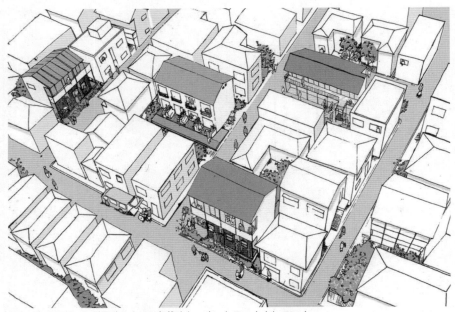

図3 空きアパートが互助ハウスに転換され、ネットワークされていく

気ないコミュニケーションのきっかけが一枚の玄関扉というハードウェアによって奪われてしまいます。

この他にも**ポツ窓ルーバー [PML]** や**縁側デッキ [EGD]** など、通常のモクチンレシピから応用できそうなものを選びプロジェクトに馴染むように改良を加えていきました。また、アパートのうちの1部屋は賃貸住居としてではなく、高齢者が集まり団欒することができるコモンスペースに変えることも提案し、エリアごとにそうしたコモンスペースを配置していきました（図2）。

ネットワーク化される地域空間

地域に点在するアパートを「互助ハウス」として必要な改修を加え運用していくことで、地域を空洞化させていたアパート群が、人々の生活を支えるセーフティネットとして再編されます。家賃が安く、国や行政による住まいのサポートが

ないというネガティブな理由から仕方なく生活困窮者を受け入れる住まいとして機能してきた木賃アパートが、「施設型」のケアとは異なる老後の住まいのあり方としてポジティブな理由からその役割を担うようになるのです。そうした社会的役割を持ったセーフティネットとして成立するためには、劣悪な空間的条件を改善し、前向きになれ、より豊かな人生を送ることができる空間をつくり、周辺の人たちや住み手が相互にサポートしやすくなるような住まいの条件を整備していくことが大切です（図3）。

多様な主体と連携し、協働する

　モクチンレシピはハードウェアを改変していくシステムに過ぎません。「つながりを育むことができるまちをつくる」というビジョンを本質的に実現するためには、ソフトウェアの力が不可欠です。特に、福祉や教育の領域における社会的問題を解決することを主眼において木賃アパートを活用していく場合には、こうした領域の専門家との連携は必須です。そういう意味で、私たちは現在、社会的課題に取り組む事業者と積極的に連携していく枠組みをつくろうとしています。デイケアセンター、シェアハウスなど、他領域の主体と連携することで、求められる空間を、求めている人たちに対して、適切な方法と適切な価格で提供できるようになります。「賃貸住居」を「賃貸住居」として改修するアプローチは、必然的に改修費に合った分だけ家賃を上げることが求められます。これは経済的原則を考えれば、避けて通ることはできません。しかし、家賃を上げると、必然的に生活困窮者や社会的弱者を木賃アパートから排除する構造をつくってしまいます。これはプロジェクトを続けていくなかでジレンマとして抱え、悩んできたことです。こうしたことも、社会的事業者と手を組んでいくことで解決できるのではないかと思っています。地域善隣事業はそうしたことを考えさせてくれる大きなきっかけとなりました。

2. まちのアクティビティと連動する場 —— kubomi

商店街に建つ看板建築

　2015年の初めに、大森を拠点にしているパートナーズ会員のカドヤ建設という工務店から、会社の建物の隣にある木造物件の活用方法と改修を提案することを依頼されました。行ってみると、商店街に多くある看板建築と呼ばれるタイプの建物でした（図4）。看板建築は、木造家屋であるにもかかわらず、鉄骨造やコンクリート造のように見せるために、立面を四角形にして屋根のかたちを隠した建物のことです。1階部分はすでにリフォームされ綺麗になっていましたが、普通のオフィスと変わらない、少し味気ない雰囲気でした。カドヤ建設は、この建物を所有していましたが、活用する具体的なアイディアはなく、商店街に面した開口部の掃き出し窓のガラスに広告や施工事例を貼るなどして使っていました。

商店街に点在するアクティビティ

　この建物が面している商店街は活動が活発で、近くには「アキナイ山王亭」と呼ばれる地域の人たちが使う共有のキッチンがありました。そこで、私たちは商店街で行われるイベントと連動して使える空間をレシピによって提供できないかと考えました。カドヤ建設も、この建物で収益を上げること想定しておらず、純粋に何か商店街のためになる場ができるとよいという漠然とした思いを持っていました。近くには、同じように活用されずにシャッターの閉じた看板建築がいくつもあり

図4　商店街に面した看板がついた木賃アパート（ミニ）

図5　凹み壁 [KBK] による改修

図6　イベントの際にはステージとして使われている

ました。

商店街に生まれる余白

　こうした文脈を踏まえ、この建物には**凹み壁** [KBK] というレシピが使われています。建物の前半分を吹き抜けにして、U字型の壁を1階に配置することで、商店街のリニアな建物の連なりに対して窪んだスペースをつくり出すアイディアです。壁が曲面のため、一歩建物の中に入ると距離感がぼやけ、不思議な空間体験をすることができます。建物の前半分を歩道と建物の中間的なスペースとして位置づけたことで、商店街の一部として内部空間を使えるようになりました（図5）。

　窪んだ部分から室内に直接入ることはできません。建物と建物の間の隙間を通って裏から入る動線になっています。2階にある打ち合わせスペースは、吹き抜けを通して商店街とつながり、人の流れや目の前にある電車や車の流れを感じることができます。こうした余白としての空間が、商店街に生まれることで様々なアクティビティやコミュニケーションを受け入れる容器となります。また、凹み壁はマグネットペイントとホワイトボードペイントという二つの特殊塗料で塗装してあるので、磁石で物を貼ったり、自由に絵を描いたりすることができます。ちょっとした打ち合わせスペースや休憩場所として利用することもでき、告知やポスターを展示することもできます。

　この場所は今、商店街のイベントでミニコンサートのステージになったり、ハロウィーンのときに子供が好き勝手に絵をかけるギャラリーとして使うなど、季節によって様々な使われ方がされています（図6）。

3. まちに新しい動線をつくる ──カマタ_クーチ

事務所の引越し

　モクチン企画を法人化してから1年経った2013年秋に、東京都大田区の蒲田に事務所を移転しました。引越した先は築53年、再建築不可の木造一戸建てです。JR蒲田駅のまわりは開発されているように見えますが、少し駅から歩けば古い木造家屋が密集した木密が広がっており、昭和の香りを残した商店街があるような場所です。その建物は京浜急行線の京急蒲田駅、梅屋敷駅、JR蒲田駅の間に位置し、典型的な木密の中にあります。当初は、モクチンレシピによる改修を依頼され、物件視察に訪れたのですが、大家である茨田禎之さんと出会い、意気投合したことで、最低限の改修だけを行い自分たちの事務所として入居することに決めました（図7）。茨田さんは大森・蒲田周辺の地主の二代目の方で、大家業を今後も続けるためにはエリアそのものの価値を上げていかなければいけないという考えをお持ちでした。そうした経緯から、茨田さんと協働しながら事務所やその周辺で様々な実験をしてきました。

密集地の中に生まれた空地

　事務所の目の前には、以前は平屋の木造が建っていましたが、解体撤去したことで庭のような空きスペースができていました。私たちが事務所として改修するタイミングで、**スッキリ敷地境界 [SSK]** を使って目の前にあった塀を撤去し、この場所を「カマタ_クーチ」と名付けました（図8、9）。密集市街地の中に、空地（＝クーチ）があることで、何が起きるのか、どのような役割を地域社会で担うことができるのかを実験しようと考えたからです。事務所を引越す際は、お披露目パーティーを開催し、友人のアーティストに作品を展示してもらい地域びらきイベントをしました。空地があることで、路地と建物の間に不思議な距離感が生ま

れ、地域のおばあちゃんとの何気ないコミュニケーションが発生する場となっています。また、バーベキューをしたり大型の制作物をつくったり組み立てたりする場として日々様々な使われ方をしています（図10、11）。

図7　改修前の状態

空地をつないでまちに新たな動線をつくる

　次の年の2014年には、事務所の裏手にある3階建てのマンションの部屋が空室になり、改修案を提案することになりました。部屋はいわゆる単身者向け、ホテル型タイプのワンルームで、今後家賃が値下がりしていくことが予想されたため、一般的な方法でリフォームしても改修費と家賃の関係がバランスしません。そこで、通常通り賃貸住居として改修するのではなく、1階部分の部屋は、まちにひらかれたプログラムを入れることを提案しました。「地域善隣事業」で考案した**アクセスデッキ [ADE]** を設置し、マンションへの動線を変え、一番奥の2部屋を1部屋に改修し、工房兼ショップをつくりました。

　こうした建物単体に対する提案と合わせて、私たちの事務所とマンションの敷地の間にあるフェンスを撤去し、敷地内の空地や隙間をつなげていくことを提案しました*2。誰もが自由に通り抜けることができる私有地の提案です。1階部分にまちにひらかれたプログラムを入れること、そしてまわりの回遊性を上げること、この二つのシナリオはとても相性がよく、新しい賑わいをまちにもたらしてくれます。

　こうした流れを受けて、現在、マンションの隣にあるアパートの改修を計画しています。同じように**スッキリ敷地境界 [SSK]** でブロック塀を撤去し、地域にひらかれたプログラムを埋め込むことで新たな動線を創出しようとしています。この計画が実現すれば、商店街の道、駅へと続く道、そして事務所の前にある路地

図8　改修後、目の前の空き地は開放されている

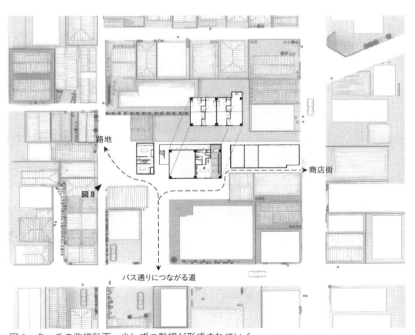

図9　クーチの改修計画。少しずつ動線が形成されていく

図10 卓球で遊ぶ地域のおばあちゃん　　図11 クーチで遊ぶ子供たち

が私有地を介してつながります。こうした状況は、密集市街地に袋小路をつくらず、多様な避難経路を確保することになるので、エリア全体の防災性能を上げることにもつながります。単に防災性能を高めるだけではなく、まちに動線が増えることで、個々の建物の価値や機能を変えることができるのです（図9）。

まちとの距離が近いオフィス

　このように、もともとボロボロの状態だった一軒の木造家屋もアイディア次第で、地域のちょっとしたハブとして活用できるようになります。モクチン企画の事務所を中心に、周辺の環境が少しずつ変わっているのです。今後、部屋や空間が大量に余っていくなかで、賃貸住居を単に賃貸住居として活用するのではなく、様々な用途に転換し活用することは有効な手法だと言えます。

　福祉系や教育系の社会的事業を行っているNPOの中にも、閉じた雑居ビルの一室ではなく、地域にひらかれた、まちとの距離が近い場所で活動を行ったほう

が、活動を展開するうえで有効な団体が数多くあります。実際、私たちの日々の活動は目の前の路地を通る人から見え、偶然の面白い出会いが発生します(図11)。都内で狭い部屋を借りるのと同じくらいの家賃で、一戸建てやアパートを数室借りることができます。より多くの空間を面積として手に入れることで、地域や外部との交流の場をオフィスに併設して持つことが可能となります。福祉事業、オフィス利用、商店街の活動など、木賃アパートを「賃貸住居」として改修するのではなく、今までとは異なる使い方やプログラムが実現できるように改修することで、より効果的に「つながりを生み出す空間的装置」に転換していくことが可能となります。こうしたことを安定的に行うための資金調達と物件調達の仕組みを現在、モクチン企画ではサービスとして開発しようとしています。

土地を戦略的・一体的に利用できるようにする

このプロジェクトの重要な点は、茨田さんによって不動産の権利が整理され、エリア全体を一体的に使える状況が整えられていったことです。土地や建物が細分化していく現代社会の中で、こうした複数の土地や敷地をまとめていく流れはエリアマネジメントの観点から重要になってきます。現状では多くの土地は相続の問題や宅地開発の都合で細かく分割されていく方向にあり、エリアを一体的に活用することがとても難しい状況が強くなりつつあります。土地は細分化され、私有化されることで、都市の中でふらっと立ち寄れる場所や「のび太の空き地」的な場がどんどん少なくなっています。地場の不動産会社と同じように、こうした地域に根付いた地主や家主とのネットワークを獲得することで、新しいまちの更新方法を実現することが可能になるのです。

［注］
*1 平成25年度老人保健事業推進費等補助金老人健康増進等事業「低所得・低資産高齢者の住まいと生活支援のあり方に関する調査研究」
*2 外構の一部はブルースタジオとの協働。

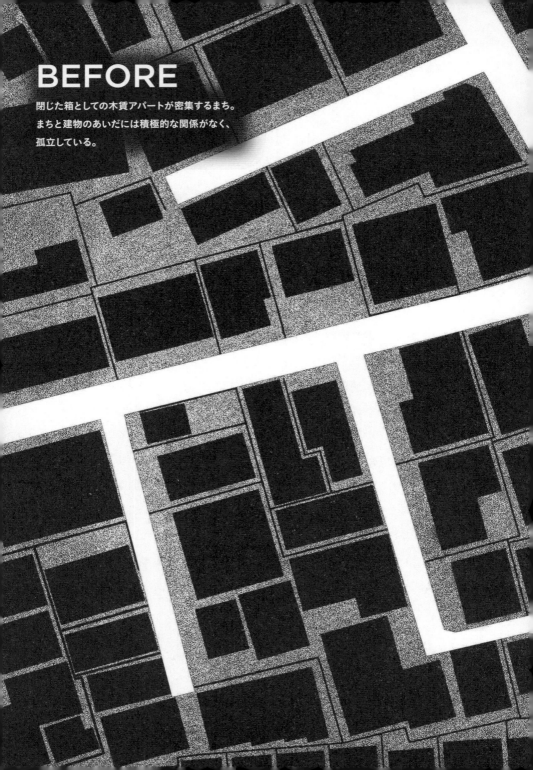

BEFORE
閉じた箱としての木賃アパートが密集するまち。
まちと建物のあいだには積極的な関係がなく、
孤立している。

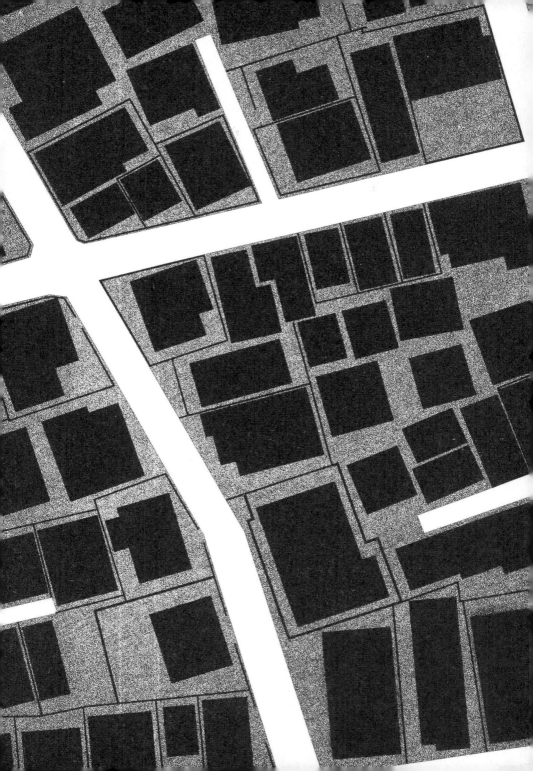

AFTER

モクチンレシピが広がり、実現されることで、
まちと新たな結合関係を獲得した
木賃アパートが点在するまち。

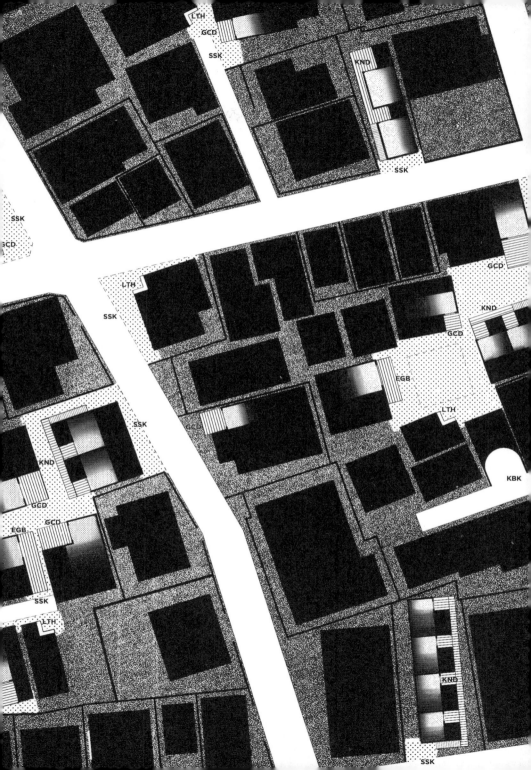

PART 5
モクチンメソッドの射程：都市を編集する

　PART 5 では、モクチンメソッドによる戦略が、最終的にどのような都市空間を創造するのか、そのイメージを提示してみたいと思います。敷地境界を越え、部分的な介入によって実現することのできる都市・社会とはどのようなものになるのでしょうか。まだまだ未検証の領域ですが、私たちがイメージしている都市像を野心的に示したいと思います。

　また、そうしたことを実現する枠組みとして本書のタイトルでもある「モクチンメソッド」という方法論を軸に様々なことを語ってきましたが、最後となるこのパートでは、このアイディアを「タイポロジーの生態系」という実践枠組みへと接続し、本書を通して模索してきて一連の試みを、より大きな見取り図の中へと位置づけます。

1. つながりが生み出す都市の冗長性

閉じた箱をひらく孔

　モクチンレシピの伝搬と適用を通して、周辺から孤立した木賃アパートをまちの構成要素の一部として馴染ませ、環境との積極的な結合関係を与えることがモクチン企画が実現しようとしていることです。黒く塗りつぶされた「閉じた箱」としての木賃アパートが、レシピが適用されアイディアが具現化されていくことで徐々にまわりと関係を持ち始め、思わぬ出会いや出来事を発生させる空間装置として定着していく。点在する木賃アパートを通して、コミュニケーションの窓となる「孔」がまちの中に開けられていくイメージを想像してみてください。そうした「孔」が地域空間の中に増えていくことにより、全体がゆるやかにつながったまちのハードウェアが形成されていきます。それはプライベートなものを家や個室の中へと押し込み、社会からの関係を遮断する住まいやまちではなく、「偶発的な関係性」が多発するまちの姿です。モクチンレシピのように、理念を持って生み出された空間単位群がエリア内に配置され、空間装置として力を発揮するとき、地域空間はよりよい方向へと再編されるはずです。そうした空間の可能性を把握し操作する知性を技術として確立することがモクチン企画の究極的な目標なのです。

関係性という都市のインフラ

　図1は住人が掃除をし、植栽で彩り、大切にしているある路地の日常風景です。何気ない些細なシーンですが、私たちはこれを世界に誇ることのできる日本の風景だと思っています。実際、多くの外国人をここに案内するとき、彼らはその自発的に管理された路地空間の質の高さと居心地のよさに感嘆の声を上げます。この魅力は何によって創出されているのでしょうか。こうした状況に出会うとき、

都市は人々の日常という名の膨大なエネルギーによってメンテナンスされているという当たり前の事実に気づかされます。その背後には時間の蓄積によって醸成された様々な関係性があり、それは人為的につくることができない質を備えています。毎日のいくつもの偶発的な行為や出会いの積み重ねによ

図1　様々な関係性によって魅力的な空間が生まれている

って徐々に生み出されたものであり、計画的に創出されたものではありません。私たちはこうした複雑な関係性の束が、これからの都市において、重要な役割を担うと考えています。大袈裟に言えば、それは21世紀の都市空間を支える重要な「インフラ」の一つになると考えています。我々の社会において、見えない情報を保持・保存する大切なインフラです。市場の原理がますます強くなっていく現代において、こうした関係性の蓄積が複層的にサブシステムを形成し、様々な次元においてセーフティネットとして機能する必要があります。関係性の複雑さこそが、都市の冗長性を高め、我々の生活を支えてくれるのです。

都市の冗長性

　20世紀における都市計画や都市デザインはこうした関係性の蓄積を扱うことにあまり向いていませんでした。なぜなら、こうした「つながり＝事物の連関」は、物事を効率的かつ必要最小限の要素で最適化するという、近代的都市計画手法が発達させてきた思考とは異なり、多くの無駄、重複、そして余分なものを含んでいるからです。むしろ、近代的な都市計画にとってはこうした風景はコントロールできないものとしてクリアランスの対象とされてきました。

　機能主義的に考えると一見、無価値な無駄や重複を伴った性質を冗長性（＝リダンダンシー）と呼びます。例えば、ある地点Aから別の地点Bへ行く最短ルー

トは、AとBの間に一直線に線を引いたラインで求められ、効率性を考えれば、そのABルートのみを普段から重点的に整備しておくことが無駄がなく効率的です。機能主義的に考えると、他の地点Cや地点Dを通ってBまで行くことは「遠回り」であり、無駄なものとして排除されます。しかし、経路ABしか選択肢がないと、もしABの経路が使えなくなった場合、移動できなくなってしまいます。CやDを通過してBまでたどり着くルートは日常生活においては必要のない非効率なものかもしれませんが、こうした緊急時やトラブルが発生した場合、ACBやADBあるいはADEBなどの経路を余分に持っておくことは有効です。これは、インターネットが普及したことにより注目されるようになった概念です。

網目を編集する技術

　様々な人や事物の関係性が、複層的に重なり合うことで都市の冗長性が生み出されているとするならば、そうしたネットワークを物的環境とともにクリアランスしゼロリセットしてしまうことは、多くの見えない価値を同時に失うことを意味します。21世紀の都市・社会は、「すでに存在する」ことの意味を真剣に問い直すところから始めなければいけません（同時にそうした態度は、物事の変化を拒絶し保守化してしまうことにもつながります。このバランスは注意深く見極め、自己批評が常に必要な部分でしょう）。こうした問題意識に立ったとき、極端に既存の状況を破壊することなく、ズルズルとつながっている様々な事物の連関を編集・操作する技術が必要になります。都市の関係性は、ただ闇雲に扱おうと思っても、あまりにも複雑です。そこで、こうした複雑性を扱うために、「タイポロジー」という概念を導入してみたいと思います。

2. タイポロジーの生態系

タイポロジー

　木賃アパートのように、ある時代を通して社会によって生み出され、そのまちを構成する粒として広まった建物は世界中、様々な場所で発見することができます。京都の町家、中国の四合院、シンガポールのショップハウス、パリのメゾン・ア・ロワイエなど挙げればキリがありません。こうした建物の特徴は共通の型を持っていることです。例えば同じ位置に中庭があったり、窓や扉の配置に規則性があったり、建物のかたちがＬ字型やロの字型などのパターンになっていたり、同じ形式が反復していることに特徴があります。

　そうした同じ特徴を持つ建物群について考察する場合、タイポロジー（類型学）という概念が役にたちます。建築史家の陣内秀信は、タイポロジー（＝建築類型）を自然的条件、社会的条件、経済的条件、技術的条件、さらには都市において居住環境が高密度化していく状況に合理的に応えていくために発達した共通の構成であるとしています[*1]。

タイポロジーを通して社会にアクセスする

　タイポロジーは建物に現れる共通した構成を通して、建築物単体を超え、そこからその建物が拠って立つ社会や都市のあり方を見せてくれます。タイポロジーを通して、家族形態、生活スタイル、経済活動など、その社会を動かす仕組みを掴みとることができるのです。例えば、その地域や社会に広まっている間取りから、そこに暮らす人たちのライフスタイルを想像することが可能でしょう。土間や中庭などのちょっと変わった構成から、その地域で行われているイベントや風習を想像することができます。工法と間取りの関係からその地域の技術について推測することもできるでしょう。さらには、街区や道路との結合関係を考察する

ことで、都市構造そのものを分析することも可能です。このようにして、タイポロジーは、都市－建物－社会を一つの織物として認識することを手助けしてくれます。タイポロジーはその社会が時間をかけて考えてきたこと、課題にしてきたことを、限られたリソースの中で合理的に解決しようとした建築的成果であるため、当然その社会の仕組みや課題を色濃く反映します。その社会、ある時代、そこで暮らす人々の思考にアクセスする窓口になりうるのです。また、背後にある生産体制や技術体系を追うことによって、そのエリアに広がる人や物のネットワークにアクセスできるようにもなります。

木賃アパートという未成熟なタイポロジー

　私たちがPART 1で考えてきたことは、都市の中に増殖してしまった木賃アパートを、一つのタイポロジーとして捉える試みだったと言えます。木賃アパートをタイポロジーとして分析すると、それが一つの観測装置となり、日本の都市空間を知るための様々な手助けをしてくれます。個室のリニアな配置から、単身者がまわりとの交流を持たずに都市生活を送るという都市型の生活様式を想像してみることができるのはそのためです。

　先出した陣内氏は、タイポロジーという分析道具を用いることで歴史主義的なものやモニュメント主義的なものから距離を置くことができると指摘しています。これは木賃アパートを議論する際に重要な視点です。木賃アパートに歴史的な価値があるのか（歴史主義）、あるいは都市景観として重要か（モニュメント主義）という観点から議論をすると、たちまち木賃アパートの可能性を見失ってしまうことになります。古い寺社建築や伝統的な町屋のように歴史的価値があるわけでも、公共建築のようにまちのシンボルとしての意義があるわけでもありません。そうした評価軸で木賃アパートを捉えると、価値のないものとしてスクラップ＆ビルドの対象としてしか見ることができなくなってしまうのです。しかし、タイポロジーという概念を獲得することによって、未成熟な存在である木賃アパートを違

ったかたちで捉えることができるようになります。

リアリズムの思考として

　タイポロジーはリアリズムの思考です。タイポロジーを手掛かりに木賃アパートを捉えると、理想論をベースとした「良い」か「悪い」の価値判断から自由になることができます。理想主義者は、木賃アパートはなくなってしまったほうがいいと考えます。市場の原理やエンジニアリングから考えるとそれは真っ当な意見でしょう。しかしタイポロジーとして捉えると、「なぜ社会の中で生まれたのか」「なぜ残っているのか」「なぜ更新が進まないのか」という、目の前にある素朴な「事実」から思考を出発させることが可能になります。理想主義的思考が陥りがちな、過度に物事を単純化してしまうことを防いでくれるのです。

　すでに一定の時間その場に存在し、人々の生活を支えてきたこと、いま目の前にある都市空間を構成する粒として機能していることを認めたうえで、何を残し、何を更新し、何を新たに加えていくのかを冷静になって判断することを手助けしてくれます。ある期間、その場を占有し存在することで、木賃アパートを含めあらゆる物理的存在は、何らかの社会的・物理的関係性を創造してしまいます。そのため、タイポロジーというリアリズムから出発することは、都市空間を構成する見えない関係性を扱うことを意味するのです。これは20世紀型の社会が最も不得手だったことです。

タイポロジーの生態系

　ここでタイポロジーの生み出すサイクルをある種の自然の生態系のようなものとして捉えることを提案したいと思います。固定化した歴史的存在ではなく、いま現在の都市の関係性を含み込んだ動的な存在としてタイポロジーを扱おうとする思考です。それを「タイポロジーの生態系」と呼びましょう。「タイポロジーの生態系」が正常に機能している場合、建物は有効に使われ、社会の中で一定の役

割を果たすことができます。社会的活動との関係の中で建物が建設され、使われるサイクルがまわっているからです。しかし、外部環境や社会環境の変化によって、この生態系のバランスが崩れることがあります。例えば人口や産業構造の変化です。これは自然界における生態系を考えたときも同じですが、前提としていた外部条件が大きく変化することで生態系はバランスを失い、多くのものが機能不全に陥ることがあります。木賃アパートについて考えると、空き家化したり、老朽化しメンテナンスが行き届かない状態が発生するということです。タイポロジーの生態系のバランスが崩れることで、大量の空間群が社会の中で空洞化してしまいます。

　戦後の右肩上がりの経済が崩れ、人口構造が大きく変わっていくなかで、安定的に生産されてきた木賃アパートの生態系は完全に崩れてしまいました。さらには経済的エンジンを回すための供給過剰な状況もこうした生態系のバランスを崩す大きな要因になっています。そして、それは木賃アパート以外の様々なタイポロジーにも影響が出ています。例えば、空室化し住人が高齢化する団地や、郊外の住宅地などが挙げられるでしょう。団地や郊外のマイホームを支えていた生態系のバランスが崩れ、その結果、空間がスラム化しているのです。

生態系をハックせよ！

　タイポロジーそれ自体が社会の様々な関係性を包含した存在であり、物事の関係性の結節点として物理的に現象化したものだとしたら、特殊解として単体の建物レベルで解決策を模索するのではなく、タイポロジーそのものに対して解決策を提示することで、新たなバランスを生態系に与え、単体の改修や設計に比べてより大きなインパクトを社会に与えることができないでしょうか。陣内氏自身が指摘するように、タイポロジーは「分析概念」に留まらず「計画概念」でもあるのです。モクチン企画の場合は、大量に存在する木賃アパートの存在をタイポロジーとして認識することで、実際に物理的に現象化した個別の木賃アパートに対

して働きかけるのではなく、モクチンレシピというシステムを新たに構築し、それを介して多くのアパートにコミットしようとしています。それは言い換えれば、木賃アパートのタイポロジーというシステムに対するハッキングであり、そのことにより生態系のバランスを再調整しようという建築的戦略です。タイポロジーの生態系がアクティベートされる「ツボ」や「クサビ」を探し当て、最小限の手数でそのポイントを刺激する。そのためにはエコシステム全体への深い理解と持続的な介入が求められます。世界的に有名なプログラマーであり、現在最も影響力のあるベンチャーキャピタルであるYコンビネータの創立者であるポール・グレアムは「ハッカーが大きなプログラムの中で意図されたモデルを破りたいと思うのはたぶん1箇所か2箇所くらいのものだ。それでもそれがどんなに大きな違いをもたらすことか。それは単に問題を解決できるというだけじゃない。そこには一種の快感が潜んでいる」[*2]とハッカー的態度を表現しています。このような態度をこれからの建築家にもあてはめることはできないでしょうか。リソースが限られた状態で、建築的知性によって社会的な変化を起こすためには、都市の背後にあるネットワークに効率よくアクセスすることが求められます。そのアクセスの窓口になるのがタイポロジーだというのが鍵です。それは、複雑極まりない関係性の海の中に埋没するのではなく、介入できるポイントを見つけ出し、その小さな接点から建築を始めることを意味します。

　そして、時には目的達成のためには建築的手段を超えて、経済的手段や政治的手段を組み込まなければいけない局面も出てくるでしょう。ほとんど語ることはありませんでしたが、本書は20世紀の偉大なアーキテクト、C・アレグザンダーからの強い影響関係にあります。彼の生み出したパタンランゲージという方法論を現代の文脈のもと再起動させることが私たちの隠れた目的の一つでもあります。アレグザンダーによるパタンランゲージの実践と運用は、既存の社会システム全体の否定・拒否を意味してしまったことは非常に残念なことです。そのため、既存の社会システムと理想とする状態の衝突が強く、既存の文脈に馴染む実践的枠

組みへとは至らなかったというのが私たちの理解であり、アレグザンダーの決定的な戦術の誤りだったと考えています。システム全体の刷新ではなく、既存の社会システムを、まずは所与のものと認めたうえで、まさにハッカーがそうであるように、そのシステムの一部を別のシステムで書き換えるようにして、方向転換を図る。それがモクチンレシピでやろうとしてきたことです。私たちは、木賃アパートの持つ生態系に対してアタックを仕掛けています。ゆえに敷地境界線を越える建築的実践のあり方を発明しようとしているのです。

新たな都市の新陳代謝のシステムを構築し実装するために、タイポロジーをハックする。そのことで、多焦点的、同時多発的、そして複層的な都市への介入が実現されます。それは理念なき、マスタープランなき、思想なき21世紀の都市空間に求められる新たな建築的作法と言えるでしょう。これが本書の到達した一つの結論です。

[注]
*1 　陣内秀信『イタリア都市再生の論理』鹿島出版会、1978年
*2 　ポール・グレアム著、川合史朗訳『ハッカーと画家 ―コンピュータ時代の創造者たち』オーム社、2005年

あとがき

　「本を出しませんか?」と話をいただいたのが 2015 年の春。あれから 2 年があっという間に過ぎてしまいました。最初は今までやってきたことをまとめるだけなので、すぐに書けると簡単に考えていたのですが、その年の 11 月から本書でも触れた SUSANOO というプログラムに参加することになり、ゼロからモクチン企画の存在意義や目指すべき方向性を問い直す作業がはじまりました。やってきたことをまとめるつもりが、やってきたことを一から問い直すフェーズに入ってしまったのです。さらに、プログラムが終わってからは、モクチンレシピをはじめとしたすべての仕組みを刷新する決断をしました。リニューアル作業はこの「あとがき」を執筆中の今も進行中です（もうすぐリリースできるはず…）。そういう意味で、執筆作業は、活動モデルの刷新作業と合わせて行ったり来たりの繰り返しで、書いたものが次の日には賞味期限切れになるということの連続でした。ただ、別の観点からすると、自分たちのやるべきことが明確になっていくプロセスと合わせて、本書もかたちになっていったと言えるかもしれません。そしてこの通り、一冊の本としてようやくまとめることができました。こうした経緯があり、本書は今までのモクチン企画の「過去」をまとめたものであり、モクチン企画の次の展開を予感させる「未来」が同時につまったものになっています。

　本書を執筆するにあたり本当に多くの方々にお世話になりました。まずはモクチン企画関係者の一人一人に感謝します。役員である大島芳彦さん、土谷貞雄さん、天野美紀さん、林賢司さん、メンバーである中村健太郎さん、山川陸さん、そして最も献身的にプロジェクトを支えてくれた副代表の川瀬英嗣さん。「木賃アパート再生ワークショップ」時代からの学生メンバーにも感謝です！　ここに書かれた内容は、数多くの協働者やクライアントの方たちがあってこその成果です。素晴らしい機会を与えてくださったパートナーズの方々やお施主様に感謝します。特に本書でも触れた、加藤豊さん、池田峰さん、茨田禎之さんには様々なかたちで支えていただきました。

この活動は私が学部時代から始めたものです。そういう意味で恩師である小林博人先生に感謝の気持ちを送りたいと思います。また、支えてくださった他の数多くの先生方にも感謝いたします。

　イラストを担当してくれた荒牧悠さん、装丁を担当してくれた鈴木哲生さんとの共同作業がなければこの本は完成しませんでした。イラストとデザインという枠を超えて、本の企画や内容にまで踏み込んで協働してくれた二人には感謝してもしきれません。また、執筆段階から本書に対して助言しフィードバックをくださった編集者の和田隆介さんの名前もここに記録しておきます。

　いつもぎりぎりまで原稿を待ってくださり、本として素晴らしいかたちでまとめてくださった学芸出版社の井口夏実さん、最初に出版の話を持ってきてくれた山口祐加さんにも感謝の気持ちを捧げたいと思います。そして、私のこうした活動は尊敬する建築家である父の連健夫と、暖かく見守ってくれた母の存在なくしてありえません。ありがとう。また、土日を原稿執筆の時間にあてることを許してくれた妻の智香子にも感謝します。

　いま私は、再び無力感を感じています。当たり前のことですが、そんなに簡単に都市や社会は変わるわけではなく、瞬時に成果が出るわけでもありません。そういう意味で、自分自身の無力さを感じる毎日です。しかし、こうして思考を本にまとめてみたことで、強く信じられるものがあり、たくさんの仲間が周りにいることを改めて強く感じました。そういう意味で、学生時代に感じた出口のない無力感とは違い、希望が混在した無力感です。恥じることなく「次の時代の建築を追求したい」とここに宣言します。そのためにこの希望と無力感が混ざった複雑な気持ちを大切にして、これからも一歩ずつ前に進んでいきたいと思います。最後に、そうした思いに共感してくれるであろう目の前の読者と未来の読者の皆様に感謝の意を示し、筆を置きたいと思います。

2017年6月15日　　連勇太朗

◎著者紹介
モクチン企画
戦後、大量に建てられた木造賃貸アパート（木賃）を重要な社会資源と捉え、再生のためのプロジェクトを実践しているNPOであり、建築系のソーシャルスタートアップ。2011年より「モクチンレシピ」という改修のためのアイディアをオープンソース化し、家主や不動産事業者をはじめとした様々な主体と協働してきた。「つながりを育むまち」を合言葉に、木賃アパート改修を通して豊かな都市と生活環境の実現を目指している。

連勇太朗（むらじ ゆうたろう）
1987年生まれ。現在、NPO法人モクチン企画代表理事、慶應義塾大学大学院特任助教、横浜国立大学大学院客員助教。2012年慶應義塾大学大学院政策・メディア研究科修士課程修了、2015年同大学大学院後期博士課程単位取得退学。2012年にモクチン企画を設立、代表理事に就任。Archi-Commons（アーキ・コモンズ）という建築デザインを共有資源化するための方法論を考案し、研究と実践をしている。

川瀬英嗣（かわせ えいじ）
1988年生まれ。現在、NPO法人モクチン企画副代表理事。2012年武蔵野美術大学造形学部空間演出デザイン学科卒業。2009年より木造賃貸アパート再生ワークショップ（現モクチン企画）に参加。デザイナー、宅地建物取引士、住宅診断士。

◎イラスト
荒牧悠（あらまき はるか）
1988年生まれ。2014年慶應義塾大学政策メディア研究科修了。Spiral Spectrum File04 @青山スパイラルビル（2015年）、21_21DESIGN SIGHT「単位展」（2015年）、「デザインの解剖展」（2016年）参加作家。個展「食〜物展」@ HAGISO（2016年）。

◎写真（p.113〜128）：kentahasegawa

モクチンメソッド
都市を変える木賃アパート改修戦略

2017年 7月20日　第1版第1刷発行

著　者　……… モクチン企画／連勇太朗・川瀬英嗣
発行者　……… 前田裕資
発行所　……… 株式会社 学芸出版社
　　　　　　〒600-8216
　　　　　　京都市下京区木津屋橋通西洞院東入
　　　　　　電話 075-343-0811
　　　　　　http://www.gakugei-pub.jp/
　　　　　　E-mail info@gakugei-pub.jp

装　丁　……… 鈴木哲生
印　刷　……… ムーブ
製　本　……… 新生製本

JCOPY 〈(社)出版者著作権管理機構委託出版物〉
本書の無断複写（電子化を含む）は著作権法上での例外を除き禁じられています。複写される場合は、そのつど事前に、(社)出版者著作権管理機構（電話 03-3513-6969、FAX 03-3513-6979、e-mail: info@jcopy.or.jp）の許諾を得てください。
また本書を代行業者等の第三者に依頼してスキャンやデジタル化することは、たとえ個人や家庭内での利用でも著作権法違反です。

© Moku-Chin Kikaku, Yutaro Muraji, Eiji Kawase 2017
ISBN978-4-7615-2650-4　　　　　　　　Printed in Japan

好評発売中

エリアリノベーション
変化の構造とローカライズ

馬場正尊＋Open A 編著
四六判・256 頁・定価 本体 2200 円＋税

建物単体からエリア全体へ。この10年でリノベーションは進化した。計画的建築から工作的建築へ、変化する空間づくり。不動産、建築、グラフィック、メディアを横断するチームの登場。東京都神田・日本橋／岡山市問屋町／大阪市阿倍野・昭和町／尾道市／長野市善光寺門前／北九州市小倉・魚町で実践された、街を変える方法論。

RePUBLIC　公共空間のリノベーション

馬場正尊＋Open A 著
四六判・208 頁・定価 本体 1800 円＋税

建築のリノベーションから、公共のリノベーションへ。東京R不動産のディレクターが挑む、公共空間を面白くする仕掛け。退屈な公共空間をわくわくする場所に変える、画期的な実践例と大胆なアイデアを豊富なビジュアルで紹介。誰もがハッピーになる公園、役所、水辺、学校、ターミナル、図書館、団地の使い方を教えます。

PUBLIC DESIGN　新しい公共空間のつくりかた

馬場正尊＋Open A 編著
四六判・224 頁・定価 本体 1800 円＋税

パブリックスペースを変革する、地域経営、教育、プロジェクトデザイン、金融、シェア、政治の実践者6人に馬場正尊がインタビュー。マネジメント／オペレーション／プロモーション／コンセンサス／プランニング／マネタイズから見えた、新しい資本主義が向かう所有と共有の間、それを形にするパブリックデザインの方法論。

まちづくりの仕事ガイドブック
まちの未来をつくる63の働き方

饗庭伸・小泉瑛一・山崎亮 編著
四六判・208 頁・定価 本体 1900 円＋税

まちづくりに関わりたい人、本気で仕事にしたい人必見！デザイナー、デベロッパー、コンサル、公務員まで44職種を5分野「コミュニティと起こすプロジェクト」「設計・デザイン」「土地・建物のビジネス」「調査・計画」「制度と支援のしくみづくり」の実践者が紹介。14人の起業体験談からは進化する仕事の今が見えてくる。

白熱講義　これからの日本に都市計画は必要ですか

蓑原敬・饗庭伸・姥浦道生・中島直人・野澤千絵・日埜直彦・藤村龍至・村上暁信 著
四六判・256 頁・定価 本体 2200 円＋税

日本の都市計画は何をしてきたのですか？近代都市計画とは何だったのですか？3.11で何が変わるのですか？今、私たちが引き受ける課題は何ですか？1930年代生まれのベテラン都市プランナーへ、1970年代生まれの若手が投げかける、差し迫った問いと議論の応酬。都市計画の現実、矛盾と展望を明らかにした現役世代に訴える一冊。

コミュニティデザイン
人がつながるしくみをつくる

山崎亮 著
四六判・256 頁・定価 本体 1800 円＋税

当初は公園など公共空間のデザインに関わっていた著者が、新しくモノを作るよりも「使われ方」を考えることの大切さに気づき、使う人達のつながり＝コミュニティのデザインを切り拓き始めた。公園で、デパートで、離島地域で、全国を駆け巡り社会の課題を解決する、しくみづくりの達人が、その仕事の全貌を初めて書き下ろす。